VOLLEDIGE VERGUNNING

MIDAS DEKKERS

Volledige vergunning

Uitgeverij Bas Lubberhuizen

INHOUD

Het ouderlijk café op het Muntplein in Amsterdam.

1

Het derde leven

Ik ben onder de bar geboren. Zo heet dat als je van jongs af in een café bent opgegroeid. Mijn eerste vader had een café in Haarlem, de tweede een in Amsterdam. Heel mijn familie zat in de horeca, zoals je ook families hebt van boeren of van binnenschippers. Zoiets word je niet, je bent erin geboren. Een boot of een kroeg is geen bureau of kantoor maar je leven.

Ook al word je er zelf geen kastelein van, een jeugd in het café tekent je. Nu nog zet ik alle flessen in de ijskast keurig met het etiket naar voren, de glazen worden gepoleerd en als je me de weg vraagt naar het stadhuis vertel ik je zonder mankeren hoe je bij Karpershoek rechtsaf gaat, bij Schumich de gracht op, langs 't Molentje, de steeg in bij Hoppe en dan even vragen naar 't Hooischip. De kastelein die zijn uithangbord optuigde met 'Laatste pomp voor het stadhuis' kende zijn pappenheimers.

Op school was ik een braaf kind. Als je braaf was, wist ik, mocht je de reuzenfles 'Gimborn's IJzer-Galnoten Schrijfinkt' uit de kast pakken om er de inktpotjes in de schoolbanken mee te vullen, een privilege waaraan ik mijn leven lang

Midas met zijn eerste vader, Ko Dekkers, en rechts met zijn broer,
voor café De Monty Taverne, Smedestraat, Haarlem.

een obsessie voor het klokkend vullen van kleine glaasjes
heb overgehouden. Maar de invloed van de school verbleek-
te bij die van het ouderlijk café. Want zo ouderlijk was die
niet. Als zoontje van een kroegbaas ben je een onbestorven
wees. Je hebt wel een vader en een moeder maar die zijn er
niet. Niet voor jou. De klanten gaan voor. Eerst de klanten
het bier en de jenever, dan de kinderen de thee en de limonade. Aan thee en limonade heeft het ons nooit ontbroken – in

een café is omkomen van de dorst zo goed als uitgesloten – maar tegen de tijd dat de klanten hun portie aandacht ophadden was er voor ons kinderen weinig over. Waren er geen klanten om te schenken dan schonken mijn ouders zichzelf wel. Een sluitingsdag was er niet – dan lopen je klanten naar een ander – en op reis ging je niet; gezien wat er uit de wereld hun zaak in kwam hadden mijn ouders geen behoefte zelf de wereld in te trekken. Hadden ze vrij dan gingen ze stappen. Nooit zag je een groenteboer als hobby de andere groenteboeren afgaan of een smid op zijn vrije dag van smederij naar smederij, maar een echte kastelein brengt de tijd buiten zijn café in andermans café door. Ook daar komen kinderen niet van pas.

Zielig? Welnee. Vond ik niet. Heerlijk juist. Voor mij was het café geen oord van verderf maar van geborgenheid. Al had ik een vader en een moeder minder, ik kreeg er tientallen ooms en tantes voor terug. Kinderen en katten van een kastelein zitten nooit om aandacht verlegen. Vaste klanten groeten je alsof je er een van hen bent en zijn in je geïnteresseerd. Aaien over je bol kun je meer krijgen dan je lief is. Van de ooms leerde ik zwaantjes vouwen van servetten, met vleugels die echt op en neer konden, aan de tantes vertrouwde je je zorgen toe, ook als je die niet had. Dobbelen en toepen kon ik voor ik leerde ganzenborden of pimpampetten. Hadden mijn ouders amper tijd voor mij, ik had nauwelijks tijd voor mijn ouders. De klanten hadden tijd zat, anders zaten ze die niet bij ons te verdoen. Bierverwantschap bleek zo sterk als bloedverwantschap; als ik eens iets niet mocht van mijn ouders kozen de klanten meer dan eens mijn zijde. En dan had je nog de obers, die ook al met 'ome' werden aangeduid, en de zachte homo achter het buffet, de werkster 's ochtends en de mannen van de brouwerij met hun paarden en hun petten.

En wat je vooral had, was je vrijheid. En natuurlijk geld voor je rapport. Veel geld. Niemand bij me in de klas, ook niet het zoontje van de bankier, haalde zoveel op als ik. Bij notoire drinkers kon je wel drie keer vangen voor een en hetzelfde rapport. Een kwestie van timing.

Met de beste wil van de wereld zou ik nog steeds geen medelijden kunnen krijgen met de mezelf van toen. Wat ik pas echt zielig vind is zo'n modern doorzonkind dat in Almere of Leidsche Rijn opgroeit met één vader, één moeder, één zusje, één hond en achtendertig wandelende takken. Ooms en tantes alleen verkrijgbaar op verjaardagen, oma's en opa's gedegradeerd tot onbezoldigde oppas. Links en rechts van je net zulke gezinnen. Het gezin is de hoeksteen van de samenleving, maar hoe metsel je een stevig verband van louter hoekstenen? Daar komen ongelukken van.

Elders op de wereld doen ze niet zo benauwd. In grote delen van Azië, Afrika en Zuid-Amerika wonen de mensen in een ruim familieverband met ouders, kinderen, ooms, tantes, opa's, oma's, neven en nichten bij elkaar. Denk aan de kampong in Indonesië, waar iedereen dooreenkrioelt en toch een eigen plaats heeft. Het resultaat van alle nauwe en losse banden is een hecht netwerk. Binnen zo'n 'extended family' ben je geborgen. Veilig vanuit je eigen hoekje leer je al jong de mensen om je heen van alle leeftijden in alle stemmingen kennen. Juist in zo'n zee van openbaarheid houdt het eigen eilandje stand; van meet af leer je wat de moeite van het verbergen waard is.

Een, twee eeuwen geleden was zo'n groot gezin ook in Nederland en België nog volop te vinden dankzij inwonend personeel. 'Upstairs' en 'downstairs' waren er lang niet zo streng gescheiden als in een Engels landhuis. Op grote boerderijen liep het leven van de boer met zijn gezin nog gemakkelijker met dat van zijn knechten, dienstmeiden, kostgangers en gezellen door elkaar, om van de beesten nog te zwijgen. Het klinkt heel natuurlijk en dat is het ook. Waarom zie je op natuurfilms dan toch steeds weer Vinex-gezinnetjes bij de dieren? U kent dat wel: terwijl mamavogel op de eieren past gaat papavogel aan het werk om brood te verdienen voor de reeds geboren kleine vogeltjes; alleen de schemerlamp ontbreekt in dit knusse nest. De eerste reden is dat vogels op het nest gemakkelijk te filmen zijn, zo op één vaste plek, de andere reden is dat natuurfilms vooral worden uitgezonden door EO en NCRV, die ons graag hun ideaal voorhouden. Maar andere dieren dan vogels zijn zo gek niet. Die zijn niet door eieren aan huis en haard gebonden. Om te zogen hoeft een zoogdier niet continu op zijn jongen te zitten. Vader zoogdier voelt zich bij gebrek aan borsten helemaal van alle ouderplichten ontslagen. Maar dat is hij niet altijd. Bij de dwergmangoesten wordt hij aan het werk gezet. Meestal is er maar één vrouwtje in de groep dat zich voortplant en zijn alle volwassen en halfwas dieren bij haar in dienst. Voor het voortbestaan van je genen is kinderloosheid niet aan te bevelen, maar de kinderen grootbrengen van een verwant groepslid is wel *the next best thing*. Kennelijk brengt de groep als geheel zo meer dwergmangoesten ter wereld dan wanneer ieder voor zich er aan het voortplanten slaat.

Apen zijn altijd in elkaars jonkies geïnteresseerd. Meestal blijft het bij kijken, maar op de apenrots in de dierentuin zie je ze echt van hand tot hand gaan. Hoelmans, de heilige apen van de hindoes, zijn ook niet zo eenkennig. Blij dat ze even de handen vrij heeft laat een hoelmanmoeder het toe dat de anderen aan haar jong zitten.

Een mens is geen hoelman. De meeste moeders lenen hun jongen zelden uit. Binnenshuis waken ze er zelf over, buitenshuis houden crèches en scholen de wacht. Een kaste-leinskindje is dan ook een buitenkans. Als betalend bezoeker beschik je niet alleen over het personeel, maar ook over de kinderen van de kastelein. Net als hun vader moet een kaste-leinskind op alle vragen netjes antwoord geven, lachen om flauwiteiten, aangeboden consumpties nuttigen, opzitten en pootjes geven. Bovendien moet het aaien over zijn bol tolere-ren, handen ontwijken en met een boog lopen om iedereen die uit zijn mond stinkt. Dit alles kan het al op het hoogte-punt van zijn carrière: als kleuter. Baby's hebben van klanten weinig te vrezen. Biologisch is een baby erop gebouwd alleen zijn moeder te bekoren. Aan andere mensen appelleren de weke wangetjes en vette stompjes minder; bij veel mannen wekken baby's ronduit weerzin op. Kleuters daarentegen be-wegen zich verder van hun moeder en moeten door heel hun groep worden beschermd. Hiertoe brengen ze het 'kleuter-schema' van Konrad Lorenz in stelling. De bolle toet, de gro-te ogen, de stompige ledematen en de waggelende gang zijn onweerstaanbaar; wee jou als je ook nog een wipneusje hebt. Niemand, ook de grootste kinderhater niet, zal een kleuter laten verongelukken zonder een poot uit te steken. Een kleu-ter is voor een kastelein garantie voor klandizie. De kleuter zelf krijgt het slijmen met de paplepel ingegoten, wat hem la-ter nog goed van pas kan komen. 'Een welopgevoed kind,' zullen de mensen later zeggen. Dank u wel.

Wij woonden boven de zaak. Zo heet dat als je beneden een café hebt en boven een huiskamer. Maar wonen deden wij na-tuurlijk beneden. Waarom zou je boven in een kamer gaan zitten als je beneden een café hebt met alles erop en eraan? Als kind woon je niet waar de woontafel en de woonstoelen staan maar waar je vader en moeder zijn. En die waren beneden. *Im-mer etwas los.* Mijn eerste vader had een echte kroeg, met een

De eerste vader van Midas met zijn bardames.

bar, barkrukken, dronken matrozen en een mooie barjuffrouw. De Monty Taverne, vernoemd naar de held van mijn vader, veldmaarschalk Montgomery. Omdat hij een net publiek aan wilde trekken had mijn vader alle drankjes een dubbeltje duurder gemaakt dan elders. In die opzet was hij niet geslaagd, maar dat dubbeltje was mooi meegenomen. Er werd gezopen bij het leven en geleefd tot ver na sluitingstijd. Dan zeulde mijn moeder mijn vader het trappetje op en kon het slaan beginnen. Ik moet het als kind hebben gehoord hoe hij haar alle hoeken van de kamer liet zien. Jaren later pas zag ik hoe klein het allemaal was, het café, de trap, de woonkamer, de kamer van het slaan en de kamer van het horen. Maar herinneren doe ik me de Monty Taverne toch vooral van de houten rail om de bar waarop je met je autootjes kon rijden, de jukebox vol accordeonmuziek, mijn eerste verliefdheid op barjuffrouw Rooie Red, het lachen en de weerspiegeling van de neonreclame in de bierpomp. Mijn moeder herinnerde zich heel andere dingen en ging ervandoor met de beste klant om in Amsterdam een nieuw leven te beginnen. Met een café natuurlijk. Wat anders?

De Munttoren was een pracht van een burgermanszaak midden in Amsterdam, op het Muntplein, een pijpenla met hoge lambrisering, Perzisch beklede tafeltjes, anderhalve ober, bier van de pomp en thee uit een kannetje. Buiten hing een vitrine met reclameflessen Tip Van Bootz die 's winters bevroren, binnen hadden de obers platvoeten die 's zomers zeer deden. Een nette zaak. Om te zien. Net als de clientèle. Ik zie ze nog binnenkomen, vijf voor vijf, afgemeten op tijd voor het borreluur, de mannen met hoed en handschoenen, de vrouwen met bontjasje (echt!) en permanent. Een staande kapstok had nog iets te doen. Er werd beleefd gegroet, de borrel stond klaar, de suikerpot ernaast, de asbakken nog leeg, een borrelhapje erbij in een witporseleinen bakje met vier vakjes, voor elke versnapering één, nog een borrel en nog een. Dan volgde het echte werk: keurig lazarus worden. De ober riep om koetsiertjes (Hollandse cognac), cb'tjes (citroenbrandewijn), imitaties (gazeuse met bier) of paardenborrels (brandewijn met suiker) en nam er zelf ook een, de kassa rinkelde bij elke zwengel, dobbelstenen werden geworpen, glazen omgegooid. Enige uren later zaten ze er nog, ietwat verfomfaaid, sigarenas in en naast de asbak, viltjes doornat, bewegingen onvast, permanentje uitgezakt, maar kéúrig. Niet dronken of lam, maar teut of tipsy. Dan het weggaan. Handschoenen kwijt, althans één, hoed scheef, hij die haar in de bontjas wil helpen, zij die de vergeefsheid daarvan inziet. Maar kéúrig.

Werden er überhaupt geen aanstalten gemaakt om te vertrekken terwijl de obers er, al was het nog geen sluitingstijd, genoeg van hadden, dan werden voor- en achterdeur op een kier gezet, wat een gemene tocht opleverde. Werkte altijd. Waarna het personeel in de plots wel erg lege zaak besloot dan maar zelf een afzakkertje te nemen. Of ik even de deuren voor ze wilde sluiten? Ik wilde.

Café De Munttoren was een tempel van de dubbele moraal. Bij eerste indruk zat er een keurig echtpaar te converseren, maar het kon net zo goed een kantoorpik zijn met zijn secretaresse, een klant met zijn hoertje of een hoer met haar klantje. Potten vierden er de ontdekking van de damesliefde, twee Engelse heren aan één tafeltje waren meestal geen toeristen maar liefhebbers van wat in hun land nog streng verboden was. Rondom de Bloemenmarkt lonkten nog de rode lampjes, in de Utrechtsestraat werd nog volop getippeld en terzijde van de Munttoren – niet het café, maar de toren ertegenover – lag aan het water het mooiste granieten mannenpispaleis, dat tot ver voorbij Londen te ruiken moet zijn geweest. Voor heren met een minder ontwikkeld reukvermogen was er op korte afstand de 'reeds zeer lang bestaande homodiscotheek' D.O.K. 'De afkorting staat' volgens het *Homoerotisch woordenboek* 'officieel voor De Odeon Kring of De Odeon Kelder, maar – toen oudere homo's daar veel kwamen om jonge jongens op te pikken – ook wel voor De Oude Kringspier.' Wilde zo'n oudere met zo'n jongen bij ons slapen – tien gulden per nacht – dan kon dat. Lastiger was een oudere heer met een wel erg jonge dame. Dan moest je inventief zijn bij het invullen van het 'hotelbriefje' dat elke avond naar het politiebureau gebracht moest worden. Als de agenten zich genoeg verveelden en de dame jong genoeg was kwamen ze het stelletje graag van hun bed lichten.

De jaren van mijn jeugd waren ondeugender dan je bij 'de jaren vijftig' denkt. In wezen deed je hetzelfde als nu en eerder en altijd – alles wat God verboden heeft – maar dan eleganter, afkeurenswaardiger, katholieker zo u wil. In één woord: stiekem. Doe iets leuks en het is leuk, doe het stiekem en het is een genot. In onze tijd van openheid en transparantie lijkt dat een vergeten levenskunst, maar ook een verlicht mens moet zich de verontrustende tinteling herinneren van het stiekem in bed lezen, stiekem roken, stiekem zoenen of zomaar, stiekemen om het stiekem. Om onze klanten hierbij ter wille te zijn, beschikte het café over een achterwijk met 'boxen', een indertijd niet ongebruikelijke constructie van houten schotten tussen de tafeltjes die de gebruikers aan het oog onttrok. Hierbij kwam de langgestrektheid van het pand goed uit. Achter de smalle gevel aan het Muntplein strekte zich een aaneengeschakeld voor- en achterhuis uit, tot aan een zijsteeg van de Reguliersbreestraat. In mijn jeugd nog was heel de bebouwing tussen Muntplein, Rembrandtplein, Reguliersbree- en Reguliersdwarsstraat een volksbuurt van slechte reputatie, de Duivelsbuurt, doorsneden door stegen en gangen, dwarsstegen en dwarsgangen, een doolhof dat al door de bouw van Theater Tuschinski was aangetast en door de aanbouw van de Pathébioscoop definitief verwoest zou worden. Dat onze achterwijk eigenlijk een ander pand betrof kon je alleen nog aan het trappetje tussen voor en achter zien. Wat zich achter afspeelde kon je vanuit het grote – o zo open – raam aan het Muntplein nauwelijks zien en dankzij de schotten helemaal niet meer. Een geheime plek, midden in de stad, waar je kon doen wat je niet kon laten, daar was volop vraag naar in een tijd dat menigeen nog in de kast zat. Met één stap was je van de kast in de box. Maar ook voor de eenvoudige vreemdganger bood het timmerwerk uitkomst.

16

De achterwijk met boxen in de Munttoren.

Een fraaie beschrijving van de toestand vond ik onder het kopje 'Waar de koffieliefdes bloeien' in *Waar het gebeurde* van Jan Willem Holsbergen:

> Het zal nog wel bestaan, maar niemand let er misschien meer op: de 'koffieliefde'. Dit verschijnsel bloeide op in de jaren vijftig, de tijd waarin, meer dan voor de oorlog, ook de gewone man het horecabedrijf ontdekte, aanvankelijk voor een kopje koffie of een maaltijd bij de Chinees. De 'koffieliefde' had indirect met koffie te maken; die sloeg op een (meestal) getrouwde man die tussen de middag met een vrouwelijke collega ergens iets ging gebruiken. Op grotere kantoren wist iedereen dat en het gaf stof tot eindeloze roddels.
> 'Ze hebben natuurlijk een verhouding,' nam iedereen aan, al hoefde dat niet altijd het geval te zijn. De echtgenotes bleven wel onkundig van deze tussendoortjes.

Meestal werd een etablissement uitgezocht dat niet al te veel in het oog liep. Want het zal je maar overkomen dat een kennis tegen je vrouw zegt: 'Ik zag Jan gisteren nog bij Américain met een meisje. Ze waren zo druk in gesprek, dat hij me niet zag.' In de binnenstad had Noenzaal de Zon de voorkeur, op de hoek van de Raadhuisstraat en Herengracht. Gezelliger, maar ook riskanter om te worden gezien, waren de Lunchroom van Gerzon en de American Lunchroom, beide in de Kalverstraat en beide verdwenen. Dan waren er Formosa op het Spui, Reijnders op het Leidseplein, De Munttoren op de Munt en natuurlijk het Noord-Zuid-Hollandsch Koffiehuis.

De obers hadden een scherp oog voor de status van een stelletje in de 'kieteltuin' tussen hun boxen; vreemdgaan leverde fooi op. Maar ook zonder scherp oog kon je aan de bewegingen van het tafelkleedje volgen wat zich daaronder afspeelde en volgens een van de obers kon je het onderscheid tussen een echtpaar en een stel vreemdgangers zelfs horen. Gingen ze vreemd dan hielp hij haar galant aan de arm het trappetje naar de voorwijk af, was het een echtpaar dan 'liet hij haar gewoon naar beneden donderen'.

De ober in kwestie was Oom Frans. Met de aanspraak 'oom' werd de relatie tussen werknemer en zoontje van de baas goed afgemeten – niet te nauw en toch innig. Zelfs de ene ober die echt familie was, werd met 'oom' aangesproken, hoewel hij mijn neef was. Een andere ober, Jan, werd ook door de klanten 'Oom Jan' genoemd, maar die was dan ook stokoud, ver in de zeventig, en had zich sowieso onderscheiden door het bezit van een hitlersnorretje onder een uitgesproken Joodse neus.

De eigenaardigste 'oom' was toch mijn tweede vader, die

het in die functie nooit verder dan 'Oom Piet' gebracht heeft. Als zodanig was hij ons kinderleven ingevoerd toen hij nog gewoon een vaste klant van pa één was. Het was een goede man, maar niet onder de tap geboren. Zijn hele familie zat in de kolen. Als een in de horeca verdwaalde kolenboer had hij moeite – en ook niet zo'n zin geloof ik – om de baas te spelen over zijn *extended family*. Dat liet hij aan mijn moeder over. Ook het vaderschap ambieerde hij niet echt. Wij kinderen vonden het best, een oom in plaats van een vader. Een vader hadden we al eens gehad.

Het was een voorbode van de moderne tijd. Als resultaat van alle partnerwisselingen, geslachtsverbouwingen, homohuwelijken en heteroscheidingen kan menig modern kind bogen op een vijftal ouders en een dozijn oma's en opa's, waar vooral tegen Sinterklaas en Kerstmis best mee valt te leven. Zo rommelt menigeen toch nog een extended family bij elkaar. Maar met 'ooms' en 'tantes' kom je er niet meer, daar is de rek uit. 'Stiefmoeder' en 'stiefkind' klinken armoedig. Men behelpt zich met 'aanwaaimoeders', 'bijvaders' en 'bonuskinderen', maar daar word je niet vrolijker van dan het kalf dat met kunstmelk wordt afgescheept. Van etiquettedeskundige Beatrijs Ritsema hoeven al die stiefconstructies niet. 'De nieuwe vriend van mama: dat is gewoon Henk. En als het uitgaat met Henk is hij snel achter de horizon vertrokken.'

Het valt niet mee. Hoe moet je je kind opvoeden? In hun wanhoop vragen aspirant-ouders het zelfs aan mij. 'Niet aan beginnen,' zeg ik dan. 'Maar als je echt een kind wil, koop dan om te beginnen een café. Draait dat een beetje dan heb je naar een kind geen omkijken. Dat doen die ooms en tantes wel.' Als je dan toch geboren moet worden, laat het dan in een café zijn.

U hoeft mij niet te geloven. Ik ben maar een steekproef van

één. Maar er zijn cafékinderen genoeg om het te bevestigen. Lees *Een jongen van het dorp*. Die jongen, Chris van Esterik, groeide vrijwel synchroon met mij in het café op, maar dan honderd kilometer verderop, in het Betuwse dorp Ingen. Bij zijn geboorte paste het café in elke streekroman. Grootvader 'hield vast aan zijn koffiepot, pruttelend op de grote kachel in het café, langzaam bitter wordend voor de schaarse boer die langskwam. Op donderdagavond was er de kaartavond van de boeren, in september de kermis en in de winter de twee toneelvoorstellingen van de rederijkers. Een jaaragenda zo overzichtelijk en voorspelbaar als de tijden van eb en vloed.' Toen de vader van Chris de zaak in 1948 overnam bleef de koffie nog lang op de kachel staan pruttelen. Overdag konden ma en haar ongetrouwde zus makkelijk de paar klanten bedienen die langskwamen. Pa kluste wat bij in het fruit.

Toen brak de welvaart uit. Er was geld genoeg om in het café te verteren, maar nog niet voor een televisie of een verre vakantie. Gouden tijden voor het caféleven. Er kwamen sjoelbakken, jukeboxen, uitsmijters en vertegenwoordigers in verf, bestrijdingsmiddelen, sigaretten, bouwmaterialen, tractorbanden en manufacturen. Ooms te over voor de kleine Chris. Tantes kwamen met de Plattelandsvrouwen en het Nut. Er was zelfs een neger, de eerste van Nederland, nog voor de komst van Donald Jones. Als kasteleinszoontje hoefde je de wereld niet in, die kwam naar je toe, tot in Ingen. Het is dan ook met veel genoegen dat Chris van Esterik aan het café van zijn jeugd terugdacht en aan 'de hele wereld die daar binnenkwam: de dronken dominee, de hoerenlopende herenboer, de stadse vertegenwoordigers, de arbeiders van de Zevenmorgen, de voordrachtskunstenaar Otto Sterman, de werkloze met een drankprobleem, de oude boeren met hun verhalen en alle anderen'. Tussen de tafeltjes van het café, dat nog steeds bestaat, loopt de kleine Manuela, een halve eeuw na hemzelf in het café geboren: 'Ik zie mezelf als ze geniet van de aandacht die ze van de klanten vraagt en krijgt.' Ook zij zal zo leren 'om met iedereen om te gaan, van hoog tot laag'. Als ze de tijd krijgt. Want die veranderde al eerder.

> Op een dag zei mijn vader met een zucht dat hij statie-
> geld moest gaan heffen. Het café was ook een slijterij en
> er werden veel kratten verkocht, die de mensen thuis op-
> dronken of, tijdens de oogsttijd, in een boomgaard na
> een dag lang appels of kersen plukken. Statiegeld op de
> krat en de flesjes bestond allang. Maar mijn vader be-
> weerde altijd, met een zekere trots, dat hij het niet hoefde
> te heffen. Tot de bierdrinkers langzaamaan bromfietsen
> of zelfs auto's kregen en sommigen de prijs van het bier
> verlaagden door de krat zonder statiegeld in het café te
> kopen en die vervolgens in een winkel in Tiel in te leve-
> ren, die wel statiegeld hief en uitkeerde.

De stilte in de Betuwe maakte plaats voor het geronk van kettingzagen. Overal werden de hoogstamboomgaarden omgezaagd en opgestookt om plaats te maken voor softe-nonboompjes. Keek je eerst met ontzag op naar de konink-lijke kruinen, nu kreeg je medelijden met de dunne takjes die de zware appels moesten dragen. In één moeite door werden de cafeetjes omgezaagd. In het stadje Buren waar ik woonde verdween café De Knip waar je zelf je bier uit het kratje pakte, café De Strooppot met zijn boerenjagers, café De Prins waar heel de Betuwe heen kwam toen er achter het stuur nog niet op een glaasje meer of minder werd gekeken, en al die andere. Nu is er alleen nog een pannenkoekenhuis, wat best gezellig is, maar lastig met rondjes geven; na twee rondjes blieft niemand meer. Uiteindelijk slokte de gemeente Buren het dorp Ingen, 18 km naar het oosten, op. Het parmantige raadhuisje was toen al te klein. Het herbergt alweer jaren het museum Buren en Oranje, een verzameling koninginneborden en prinsessenkoektrommels waar je subiet republikein van wordt.

Zijn café gaf Chris van Esterik een flinke voorsprong in het geïsoleerde stukje Nederland waar hij woonde. In de Grote Wereld, op de Amsterdamse Wallen, werd schrijver Kees van Beijnum meteen in het diepe geworpen als zijn alter ego Constant Wegman, in *Dichter op de Zeedijk*:

Het grootste deel van zijn leven had Constant Wegman onder het biljart doorgebracht. Daar, in dat schemerige hol, bereikten de stemmen en de muziek hem als het holle gerommel van een schelp. Soms versmolten de mannen en vrouwen in het café voor zijn ogen tot een groot, drinkend, grommend en rokend wezen met tientallen koppen en handen die hun best deden de dorst van het monster te lessen.

Constant Wegman bouwde kaartenhuizen, vouwde servetten, gaf vuurtjes en staarde naar de tapkraan als elk cafékind voor en na hem. 'Zijn onderarmen lagen op de bar en met zijn wang rustend op zijn handen bestudeerde hij de bierdruppel, die telkens opzwol en in de lekbak viel, ritmisch en goudkleurig.' Ook het innen van zakgeld verliep op eenzelfde manier als een eindje verderop, in café De Munttoren:

Je had de gever wiens gulheid eerst en vooral zichzelf diende. Die maakte er graag een show van. Omstandig portemonnee te voorschijn halen, gulden omhoog houden als het koekje waarmee een hond het geven van een pootje werd afgedwongen, dan de grijns die de onvermijdelijke vraag aankondigde: 'En wat ga je ermee doen?'

Bij de een had je het ervoor over, bij de ander niet. Wie wel en wie niet, dat maakte je zelf uit. Zo leerde je al vroeg de prijs van een vernedering kennen en de macht die je won zodra je het spel niet meer meespeelde, gewoon omdat je er geen zin meer in had. Als er iets was wat wij kroegkinderen leerden was het zelfstandigheid. Bij gebrek aan opvoeders om ons te vertellen dat het tijd was om naar bed te gaan, gingen we uit onszelf op tijd naar bed, al is bedtijd in een horecagezin een ander begrip dan, pakweg, op een boerderij. Ik kan me niet herinneren ooit voor middernacht naar bed te zijn gegaan. Maar in een café heeft iedereen een goed geheugen: je vergeet er veel.

Wat zich niet in je geheugen nestelt, vindt elders in je hersenen wel een plaatsje. Neem Adrie, die 77 was toen Raoul Serrée hem in 2015 interviewde:

Mijn moeder kwam uit een horecafamilie, ik denk dat ze op de Zeedijk geboren is want daar komt haar hele familie vandaan. Haar broer en zuster woonden naast ons. Vanaf de Zeedijk zijn we verhuisd naar de Nieuwebrugsteeg 24, daar woonden we boven ons café Three Horses. Hier is ook mijn broer geboren. Als peuter zaten we regelmatig in een box die in een hoek van het café stond. Ik herinner me nog dat er een groot orgel was en daarom houd ik zo van dansen denk ik. Later had ik weleens vriendinnetjes over de vloer en die vroegen zich dan af hoe ik kon slapen want dat orgel ging natuurlijk tekeer.

Als zoontje van een cafébaas had je vriendjes en vriendinnetjes voor het kiezen. Serrée:

Ik had ook vriendjes van wie de ouders een café hadden. De Bank bijvoorbeeld, op de hoek van de Kloveniersburgwal en de Barndesteeg; nu is dat een Ierse pub. Die vader en moeder sliepen een groot deel van de ochtend en dan mocht hun zoontje met zijn vriendjes spelen in dat café. Dus wij konden daar naar hartelust aan de gokkast trekken, biljarten en drank pakken. We hadden de kroeg voor onszelf! Dat vriendje kreeg ook altijd veel zakgeld, als we maar niet boven kwamen.

Zakgeld kreeg ik niet zo veel, dat trommelde ik wel van mijn omes af. Om vriendjes te paaien had ik iets mooiers in de aanbieding dan geld: doppen van de colaflesjes. Voor die doppen kon je voetbalpoppetjes krijgen of miniatuurflesjes. Een normaal mens mocht al blij zijn als hij een paar van die poppetjes of flesjes had, maar met een café achter de hand had je zo een elftal bij elkaar of een compleet stel flesjes – in een echt houten kratje. Een van mijn vriendjes, Jan Galesloot, moet nogal onder de indruk van ons café geweest zijn. Op latere leeftijd ruilde hij zijn goede baan in om het proeflokaal annex stokerij van Wynand Fockink nieuw leven in te blazen.

Met ons café is het niet goed afgelopen. Met haar brave kolenboer in een café had mijn moeder de kat op het spek ge-

bonden. In eigen zaak dronk Oom Piet niet voor het borreluur, maar steeds vaker was hij plots verdwenen. Dan moest
ik hem zoeken in een nabije dagzaak, zoals Krom in de
Utrechtsestraat. Als klant deed hij het er beter dan als kastelein thuis. Niet zonder bewondering zag ik hem er, volleerd
als een professionele bieder op een veiling, met één trekje van
zijn wenkbrauw rondjes geven. Daar zat hij, half twee 's middags, achter zijn borreltje. 'Ik kom zo,' zei hij dan, 'ik wacht
even tot het spitsuur over is.' Op zondag was er geen spitsuur. Dan ging hij sinaasappels kopen in de Nieuwmarkt-
buurt, waar je nog een paar Joodse zaken had. Midden in de
nacht kwam hij dan thuis, geheel beschonken – maar met vele sinaasappels. Sjokte hij normaal dronken met één hand in
de zakken de steile trap naar de woonverdieping op, lamla-
zarus stak hij er beide handen in, bezorgd door ons van beneden nagekeken.

Toen hij meteen na het borreluur in slaap ging vallen kreeg

'Oom' Piet Bosse, de tweede vader van Midas.

Oom Piet een goed idee om zich toch nuttig te maken. Hij begon een ochtendwijkje, vanaf half zeven. Algauw zat de zaak in alle vroegte vol met kantoorvolk dat zijn koffie en krantje liefst ongestoord gebruikte. Tegen hun vrouw zeiden ze dan dat ze vroeger moesten beginnen op kantoor. Dat ochtendwijkje werd de nekslag voor onze melkboer. Ik zie hem nog zitten, naast Oom Piet, om zeven uur, allebei met een klein glaasje en een rood hoofd. De melkboer werd steeds vrolijker en ging failliet. Niet veel later was het ook met De Munttoren gedaan.

Mijn ouders verhuisden naar Vinkeveen. De oude drankvoorraad verhuisde mee, daar had de Chinees geen interesse in. De jenever was snel op en toen begon het afzien. Maandenlang worstelde Oom Piet zich door de citroenbrandewijn, de bessen, de fladderak en de koffielikeur, tot aan de boerenjongens toe. Dit spoelde hij de volgende ochtend weg in Wilnis, waar de boeren al voor het melken naar het plaatselijke cafeetje kwamen. De dorst bleef tot zijn sterfbed. Van het ziekenhuis mochten we blikjes bier voor hem meenemen. 'Zijn er vandaag nog kasteleins doodgegaan?' was zijn vaste vraag. Tot hij op een dag niet meer kon slikken. Toen had zijn leven geen zin meer en is hij doodgegaan. Mijn moeder heeft zijn graf nog jaren trouw bezocht. Althans dat dacht ze. Naar later bleek was er na de begrafenis iets misgegaan, iets met een grafsteen die verwisseld was. In leven als kolenboer voor kastelein aangezien was Oom Piet zelfs in de dood nog niet op zijn plaats.

Er gaat geen dag voorbij dat ik niet aan De Munttoren denk. Je boft maar als je in een café geboren bent. Dikke pech als je vader groenteboer is of tandtechnicus, profvoetballer of bioloog. Maar ook dan is er nog geen man overboord. Het café is een openbare gelegenheid, voor iedereen tegen een kleine vergoeding te bezichtigen. Van deze gelegenheid wordt gretig gebruikgemaakt. Maar niet meer zo gretig als weleer, in de gouden dagen van de bruine kroeg, de jaren zestig en omstreken. Bij 'de jaren zestig' denk je meteen aan hippies en lange haren, Beatles en jeugdcultuur. Maar het waren ook de jaren van de oude mannetjes die twee keer per maand naar de kapper gingen en elke dag naar het bruine café. Hier speelde zich een groot deel van het sociale leven af, zonder sociale media. Het was de tijd dat het café tegen vijven volliep met mannen die het werk weg kwamen spoelen en zich vast voor thuis indronken: bouwvakkers met de stuc nog in het haar, onderwijzers zo uit de klas, de kantoorpikkies van iedereen het stiptst op tijd. Even een pilsje halen, een biljartje leggen, een boompje kaarten en dan naar huis. Niet zo lang geleden was dit de normaalste zaak van de wereld. Arbeiders dronken niet in het weekend, maar juist doordeweeks en voor en na het werk in cafés zoals De Zwarte Hond (Haarlem). Kasteleinszoon Martin Loerakker herinnerde het zich goed: 'De toonbank stond vol met borreltjes, er stonden dan zo'n twintig tot dertig van die glaasjes klaar. Ze kwamen binnen, dronken een borreltje en gingen weer weg. Dat was allemaal van tevoren al ingeschonken.' Nu al weten mensen niet meer wat ze missen en nemen genoegen met de twee levens die de moderne tijd ons heeft gelaten: enerzijds het leven thuis, met man of vrouw, kind of kraai; anderzijds het leven op het werk met concurrenten en collega's. Maar er bestond ook een derde leven en voor sommige gelukkigen bestaat dat nog. Tussen leven nr. 1 en leven nr. 2 begaf je je voor een extra bestaan naar het café. Zo had je driedubbel plezier van je ene leven en wat er tussen twee lagen in zit – zeg maar het beleg – was als altijd het lekkerst. Borreluur was niet zozeer een tijdsaanduiding als wel een gemoedstoestand. Onder het genot van een glaasje nam je met de mensen uit het derde leven die uit het eerste en tweede door. Frustraties van werk of thuis werden weggelachen, problemen verschrompelden, woorden werden gesproken waaraan je je niet zo strikt hoefde te houden.

Vijf uur. Borreltijd! De tijd dat mannen aan de bar van een bruin café hingen om Simon Carmiggelt aan kopij te helpen. Diep tevreden met zichzelf gingen ze een uurtje later naar huis, waar hun vrouw – iets minder tevreden – met het eten wachtte. Waren de aardappels verpieterd dan was de schuldige bekend.

Carmiggelt is dood, bruine kroegen zijn het op sterven na. Kennelijk hebben de mensen tegenwoordig iets beters te doen. Maar wat? Waar zijn ze gebleven? Waar is een mens tegenwoordig om een uur of vijf? In de file. Borreluur heet nu spitsuur. Liever dan met zijn allen gezellig aan de bar staan moderne mensen met zijn allen in de file. In plaats van pils te drinken peuteren de mannen in hun neus en krabben ze aan hun kruis. Ondertussen staren ze op het navigatiesysteem naar de route die ze gereden zouden hebben als ze niet in de file hadden gestaan. Meer een derde dood dan een derde leven. Chagrijnig komen de mannen thuis, hun vrouw nog steeds niet helemaal tevreden.

Er is veel veranderd. Voor veel cafés lijkt het laatste bedrijf aangebroken. Het decor staat er nog, de kastelein is zijn tekst niet vergeten, maar het publiek blijft weg. Natuurlijk is er meer veranderd dan het café. Ook in het eerste en tweede leven zijn de rollen grondig herschreven, zeker die van man en vrouw. En toch. Toch kan een toneelstuk in drie bedrijven aardiger zijn dan een tweeaktertje. Je zit er toch. Met een café om de hoek hoef je voor een afwisselend gezelschap niet naar een tweede huis in Frankrijk of een pretpark in Anatolië. Om elke hoek een ander café is om elke hoek een wereld erbij. Van het verdwijnen van de ouderwetse kroeg kan de wereld alleen maar kleiner worden. Met een leven eraf hou je er nog maar twee over. Om nog maar te zwijgen van de mensen voor wie het café het eerste leven is, door Chris van Esterik treffend beschreven met een maritieme metafoor:

> Als de maatschappij de zee was, dan zaten hier de aangespoelden: omdat ze niet konden zwemmen, wilden zwemmen, van boord waren gegooid of simpelweg van het schaduwrijke strand hielden, vol verlokkende dranken en verhalen.

Dit is het strand van mijn jeugd, het strand waar ik nog steeds graag kom. Het aanspoelsel intrigeert me nog steeds. Met twee handen in de zakken lam een trap op lopen is me nog niet gelukt, maar met één wenkbrauw een bestelling plaatsen heb ik al aardig onder de knie en dat schenkt voldoening. Het bruine café mag dan uit de tijd lijken, het is niet voor niets in de loop van eeuwen geëvolueerd tot een bolwerk van geborgenheid in een op hol geslagen wereld. Hier vind je in een uur tijd vrienden voor het leven of het leven lang vrienden voor een uur. Een instituut. Een mijlpaal van het derde leven. Een goed café vult het gat tussen werk en thuis, tussen kind en volwassene, tussen dag en nacht, man en vrouw. Het is een tempel van weemoed, een broedplaats van hoop, een oord van troost en vergeving. Maar je kunt er ook gewoon een borreltje pakken.

Sluit je ogen, denk 'café' en voor je geestesoog verschijnt
De Wolthoorn in Groningen.

2

Het lokaal

Voor alles is een ergens, overal is iets te doen. In een keuken kook je, een kerk is om te bidden, een slagveld om te schieten. Maar wat doet een mens in een café? Waar dient dat toe?

Tot niets. Een café dient nergens toe. Dat is nu juist het aardige. Je hoeft er niet te bidden, schieten is verboden en koken doe je thuis maar. Toch hebben ze het er druk, met praten en drinken en peinzend in glaasjes kijken. Er is hier iets gaande, maar wat? Wat wordt hier nagejaagd?

Geluk is een groot woord, genoegen volstaat. Naar een café ga je voor je genoegen. Persoonlijk heb ik er menig uurtje naar volle tevredenheid doorgebracht. Drinken kun je thuis ook, praten doe je al de hele dag, je tijd kun je overal verdoen, maar in het café overvalt je een behaaglijkheid die je snel vrede met de wereld doet sluiten. Je versmelt. Voor je het weet lijkt het geluk toch binnen handbereik.

Zo moeilijk is het nu ook weer niet, gelukkig worden. Elke bioloog kan je vertellen hoe het moet. Dieren zijn gelukkig als ze op hun plaats zijn. Een aap geef je een boom, een luis een zeer hoofd, een koe voelt zich in de wei als een vis in het

water. Een perfecte match, door miljoenen jaren evolutie bij-
eengebracht. Het enige wat aan het geluk van een dier schort
is dat er lang niet voldoende van die bomen, hoofden, wei-
den en wateren voorhanden zijn. Grijpt het ernaast dan kan
het zich niet snel even omscholen.

Als mens heb je mazzel. Wij horen tot de enige diersoort die
zijn omgeving naar zijn hand kan zetten. Met een centraal
verwarmd hol en een gevulde ijskast zijn we elk konijn en elke
vos te slim af. Het enige wat in dit paradijs ontbreekt is Gods
zegen. Ter voldoening van de erfzonde wordt het woongenot
ondermijnd door hypotheken en lekkages, het gejank van
stofzuigers en het gejengel van kinderen. Wonen is werken
geworden. Op zoek naar zorgeloosheid bedachten domme
mensen pretparken en ontspanningscentra. Het gejank ver-
stomde, het gejengel bleef. Wat moet je een naakte aap dan
geven? Met een boom hoef je niet meer bij hem aan te komen.
In plaats daarvan gaf hij zichzelf het café. Tussen droom en
daad staan kroegen voor hem klaar. Eindelijk lokaalvrede.

Stel je voor dat je het paradijs op aarde mag ontwerpen.
Het ideale mensenverblijf. Enige eis is dat de mensen het er
naar de zin hebben. Het begin is niet moeilijk. Om het een
mens naar de zin te maken moet je vooral dingen weglaten:
geen gejank of gejengel, geen troosteloos uitzicht, geen zure
appels om doorheen te bijten. Een café is een wachtkamer
waar je niet hoeft te wachten. Hier gaat de tijd juist sneller
dan je lief is. En heus niet alleen door het bier en de jenever.
Het is er niet voor niets volgestouwd met verlopen reclames,
lekke trompetten, halfopgebrande kaarsen, karrenwielen in
de vorm van een schemerlamp en schemerlampen in de
vorm van een karrenwiel. Noem je bier en jenever in navolging van de primaire geslachtsorganen zoals penis en vagina
de primaire cafékenmerken, dan zijn de kleedjes en karren-

wielen secundair even onmisbaar als de secundaire ge-
slachtskenmerken borst en bil. Fluweel en klatergoud doen
het in een café even goed als in een bordeel. Met je verstand
is dat moeilijk te begrijpen, maar daar is verstand dan ook
niet voor. In een café gaat het om de stemming en die gaat
het verstand te boven omdat hersenen op elektra werken,
met zenuwprikkels, en stemming chemisch wordt opge-
wekt, met hormonen. Deze marineren het gemoed tot het in
de juiste stemming is om het gezonde verstand te trotseren.
Zie blote borsten en je raakt opgewonden, zie een kerkhof
en je wordt droevig, zie jonge poesjes en zelfs bij mij schiet
de melk in de tepels. Zo ook blijken uit ervaring pluchen
kleedjes en eiken balken het meest geschikt om dorst te krijgen.

Het is me bekend dat Fransen en Italianen hun wijn ook
onder het felle tl-licht van een wit café binnen weten te houden, maar een Hollandse borrel vraagt om een bruine kroeg
waar Anton Pieck moeiteloos de weg zou weten te vinden.
Om de gewenste graad van oubolligheid te bereiken moet
voor De Oude Herberg in Zaandam een half eikenwoud zijn
omgehakt; lichtschuw glas-in-lood zorgt er voor een haast
gewijde sfeer, die erom vraagt door vrolijk geklets te worden
doorbroken. Je hoeft niet katholiek te zijn om te begrijpen
waarom een pilsje beter smaakt uit een glas met een viltje op
een trijpen kleed, maar het helpt wel. Je gaat toch ook niet
naar de hoogmis in een kerk zonder heiligenbeelden, altaar-
stukken, kandelaars en tabernakel? En dan is er de geschie-
denis. Veel bruine cafés zijn begonnen als bijverdienste, vanuit de eigen huiskamer. Geleidelijk werd het uitbatend gezin
teruggedrongen tot de opkamer, zoals die nog duidelijk als
een rudimentair orgaan te herkennen is bij De Druif, 't Papeneiland en Hegeraad.

Jan en Dien van café De Druif offerden hun opkamer op aan de klanten. De klant met bril is wethouder Lammers.

Tegen de tijd dat ook de opkamer aan het café werd opge-offerd was het onderscheid tussen kleinburgerlijke huiska-merinrichting en het café geheel vervaagd. Niemand zal een café verwarren met een slagerij of een fietsenmaker, maar met een huiskamer is verwarring gauw gesticht. Er zijn kas-teleins die hun zaak zelfs De Huiskamer of, erger nog, De Huyschkaemer hebben genoemd. Op de ramen van de Stati-onsHuiskamer op het Centraal Station van Den Haag staat zelfs in grote letters 'Doe alsof je thuis bent'. Waar is de spoorwegpolitie als je haar nodig hebt? Als er iets geen huis-kamer is dan is dat het café wel. Het mag wel op een huiska-mer lijken, maar moet het beslist niet zijn. Een huiskamer heb je immers al. Wie gaat er nu door weer en wind naar iets wat hij juist even achter zich had willen laten? Thuis moet je altijd wat, een café is vrijblijvend. Je hebt er mensen over de vloer, maar die vloer is lekker niet de jouwe. 'Je kunt ook thuis mensen uitnodigen, maar zie ze maar eens weg te krijgen als ze het gezellig vinden,' zegt Els, stamgast van Krom in *de Volkskrant*. 'Als ik het hier niet gezellig vind, ben ik zo weer weg en doe ik niemand kwaad.' 'Als je mensen thuis uitnodigt, kan je niet maar wat naar het plafond gaan zitten staren,' vindt ook Bertie, vaste klant van Welling. 'Juist de vrijblijvendheid trekt mij aan.' Een cafébezoek is als een familiefeestje. Alleen hoeft er niemand jarig te zijn en je mag weg wanneer je wilt. Soms ook vind je er geborgenheid zonder dat het in gezelligheid hoeft te ontaarden. In een café moet je je thuis voelen zonder het te zijn. Actrice Mimi Kok slaagde daar ogenschijnlijk uitzonderlijk goed in. Van het café ging ze naar sociëteit De Kring, tot die sloot en ze naar een vroege ochtendzaak verhuisde. 'Ik wou,' zei ze dan, 'dat ik naar huis wou.' Duidelijker is de verwarring alleen onder woorden gebracht door de moeder van fotograaf Erwin Olaf. 'Zit ik thuis op de bank,' zei ze soms tegen haar zoon, 'en dan wil ik naar huis.' Opmerkelijk genoeg voelen veel oude mensen zich steeds 'thuiser' in het café naarmate de huiskamer in hun echte huis door IKEA en aanverwante zaken verder afdrijft van de huiskamer waarin ze zijn opgegroeid en die vrijwel alleen nog in een bruine kroeg is te vinden. Het café is een tijdmachine geworden.

Een goede tijdmachine heeft een soort sluis om heden en verleden te scheiden voor het verleden weg kan lekken. Een open pui waardoor je ongehinderd naar binnen kunt is dan ook uit den boze. Als buiten tot het achterste van het binnenste door kan dringen, kun je net zo goed geen binnenste hebben. Als het binnen net zo is als buiten, waarom zou je er dan in gaan? Er moet op zijn minst een drempel zijn. Café De

Als een parel ligt Van Wegen verstopt in een steegje bij het
Centraal Station van Utrecht.

Vriendschap (Utrecht) heeft een trappetje, De Natte Krant
bij mij op de hoek in Weesp volstond met twee treetjes. Omlaag kan ook. Bij André Lacroix (Amsterdam) daal je af in
een houten grot waar alleen het tingelen van een tram je aan
de echte wereld herinnert. Af en toe valt er iemand af of strui-
kelt hij (bij Hegeraad, met trappetje, zie je altijd opvallend
veel klanten op krukken), maar dat zal geen mens weerhouden. Kijk: helemaal uitgesleten. Drempels trekken juist aan.
De holle treden zijn een uitnodiging van de velen die ons zijn
voorgegaan. Zijn ze te ver heen dan is het tijd voor een nieuwe. Naast de ingang van Hoppe (Amsterdam) prijkte de oude drempel naast de nieuwe met het trotse opschrift: 'Deze
steen is hier versleten 1670 anno 1917'. Drempels zijn er niet
om te verlagen. Mijd wijd open deuren! Amper vijfentwintig
jaar nadat schouwburgen hun drempels verlaagden en het
internet heel de wereld openzette trekken de burgers zich
verder dan ooit terug achter ingenieuze deursloten, naties
bouwen muren, volwassen mannen verzinnen wachtwoor-

den alsof ze weer op de padvinderij zitten. Een mens kan niet zonder drempels. Er is geen geborgenheid zonder beslotenheid. En voor je die beslotenheid betreedt is er de verwachting. Je vermoedt dat het binnen beter is dan buiten, maar er is slechts één manier om daarachter te komen. Goede raad is duur, weet Hans Dorrestijn:

> Wie in het café naar binnen kijkt,
> ziet door het raam gezelligheid.
> Vergis je niet het is maar schijn:
> neem dat maar aan van Dorrestijn.

Alsof je de voorhang van een tempel door moet houd je het zware gordijn van Hoppe in de hand. Van de mensen binnen is nog niets te zien. Je kunt nog terug. Maar het geroezemoes lokt onweerstaanbaar; een schrille lach. Nog één stap en je metamorfoseert van voorbijganger tot klant. Even die drempel over. Eenmaal binnen zul je er geen spijt van hebben. Die komt later wel.

Eenmaal binnen klapt de val dicht. Als veiligheidspal dient de kapstok. De verleiding je jas op te hangen is groot. Het geeft je, nog zonder glas in de hand, iets te doen tijdens het monsteren van de aanwezigen. 'De Directie stelt zich niet aansprakelijk voor het verlies van Uw eigendommen' stond er bij ons in het café op een prachtig bordje bij de kapstok en in de beste zaken hangt zo'n waarschuwing er nog. En terecht. Hoe kan de Directie nu instaan voor het gajes dat ze heeft binnengelaten? Dat het meestal de klanten zelf zijn die hun eigendommen verliezen laat de Directie discreet in het midden. De volgende dag wordt de vermiste beurs teruggevonden in de andere zak, de huissleutel blijkt gewoon in het slot te steken, zij het aan de buitenkant van de deur. In het algemeen wordt er in het café opmerkelijk weinig gestolen. Hier hebben ook de dieven vrij. Maar wees op je hoede als er helemaal geen kapstok is te bekennen. Waarschijnlijk ben je verzeild geraakt bij Nol. Dit onvervalst (nou ja...) Jordaan-café gebruikt je jas als onderpand. Ze pakken hem af en voeren hem naar ondergrondse gewelven. Zie nu maar eens dat je hem terugkrijgt. Hem al na één borreltje vorderen lijkt wat cru na al dat gesjouw, twee borreltjes later voel je geen kou meer en tegen sluitingstijd geef je de jassengijzelnemer te ruim fooi. Dat er toch weleens klanten terugkomen heeft me altijd verbaasd. Maar soms zie je ze binnengaan in voor het jaargetijde veel te dunne kleren, zo zonder jas.

Het opvallendste verschil tussen een huiskamer en een café is enkele meters lang en weegt honderden kilo's. Herken je een giraf aan zijn nek en een olifant aan zijn slurf, een lokaal wordt tot café bestempeld door de bar. Van een giraf zonder nek of olifant zonder neus blijft alleen een raar paard over, een café zonder bar is een familiefeestje, een kinderverjaardag, een naaikransje. De bar verdeelt de ruimte in twee strikt gescheiden territoria: enerzijds het publieke terrein vóór de toog, anderzijds het heilige der heiligen van de kastelein erachter, waar geen klant zich waagt.

Niet alleen omdat het hem een rondje voor de hele zaak zou kosten, maar vooral ook omdat het tegen de regels is. Wie tegen de regels zondigt krijgt niet alleen de kastelein, maar heel de kroeg tegen zich. In het Grote Caféspel zijn wij de pionnen en is de kastelein de koning. Hier is ons *home*, daar is zijn *castle*. Daaraan heb je je in het café te houden. Het is hier je huiskamer niet!

Het beste bewijs dat de bar niet alleen kastelein en klant scheidt, maar vooral ook café en huiskamer, is een bastaardproduct dat zich qua dubbelzinnigheid en ongepastheid kan

Een goede toog scheidt drinker en schenker, publiek en privaat,
klant en koning. Zeemans Welvaren, Zeedijk, Amsterdam.

meten met de broekrok: de huisbar. Geen broek en geen rok, vlees noch vis, tart dit wangedrocht de eisen van de betamelijkheid. Lelijk in de weg staan kan de huisbar als geen ander, maar van een scheiding in twee territoria is geen sprake. Voor en achter gelden dezelfde wetten van hetzelfde huis. Bij gebrek aan territoriaal privilege is degene die er voor kastelein speelt letterlijk misplaatst. Ook al heeft hij een heuse biertap, schenkt hij in echte glazen en heeft hij de viltjes zelf uit het café ontvreemd, het lokaal blijft een huiskamer. En ook voor klant spelen valt niet mee als je geen rondje kunt geven. Waar het spel niet goed gespeeld wordt valt niets te winnen. Aan een huisbar tref je alleen verliezers. Ga toch gewoon op de bank zitten of aan de keukentafel.

In het café zijn de verhoudingen duidelijk. In wezen zou je de grens tussen privaat en publiek eenvoudig met een krijtstreep kunnen markeren, als op een voetbalveld, maar het is handiger om het symbolische met het praktische te verenigen en de bar tevens als meubelstuk te gebruiken. Het kost weinig moeite om in de toog van een café de toonbank van een winkel te herkennen. Lang niet alle cafés zijn als huiskamer begonnen; vele zijn uit een winkel ontstaan. Hier, in het proeflokaal, kon je de jenever kopen waarvan je eerst had geproefd. Zo'n proeflokaal hoorde bij een distilleerderij. Gelukkig zijn er nog een paar, al mogen ze alleen nog per glas verkopen. Origineel zijn in Amsterdam nog De Drie Fleschjes uit 1650 en het tachtig jaar jongere proeflokaaltje van Wynand Fockink in de Pijlsteeg. Opvallend is de laagte van de toog. Wil je niets uit je overvolle glas morsen dan moet je flink bukken, wat op de vele toeristen die er komen een onwaarschijnlijk gymnastische indruk van de Hollandse alcoholist moet achterlaten. Café Oosterling heeft ook zo'n lage toog, maar die is echt uit een winkel afkomstig. Om het hoogteverschil goed te maken zijn de poten van de barkrukken er op kleuterhoogte afgezaagd. In een echt proeflokaal zul je helemaal geen krukken aantreffen; hier blijf je, als in elke normale winkel, staan. In Utrecht zweert ook Nico van café Van Wegen bij krukloosheid, maar in zijn geval om de klanten gemakkelijker met elkaar van plaats te laten wisselen en zo de conversatie zo fris mogelijk te houden.

Samen met André Lacroix is Oosterling het laatste Amsterdamse café met slijterijvergunning. Wordt de zaak verkocht, dan is ook dat afgelopen. Even verderop in de Utrechtsestraat verloor Arie Krom zo in 1994 nog zijn slijtvergunning. Tot 1968 was de combinatie nog normaal. Je herkent haar hier en daar nog aan de twee ingangen. Die vind je ook bij Kanaalzicht (Middelburg) en Timmer (Rotterdam). Bij Welling zag de auteur van het *Groot Amsterdams Kroegenboek* 'menigmaal lieden hartstochtelijk afscheid nemen van hun gezelschap en zich achterwaarts verwijderen door de deur aan de Johannes Verhulststraatkant om vervolgens via de Jan Willem Brouwersdeur weer als nieuw tevoorschijn te komen.' Een aparte slijterijingang was verplicht om kopers van een fles voor thuis niet in de verleiding te brengen ter plekke vast een glaasje te nemen. Maar je mocht ook per maatje (10 cl) kopen. Hiertoe werd de jenever uit het vat overgeheveld met een jeneverpomp, waarvan er in Zaanzicht (Zaandam) nog een is te bezichtigen. Café De Oude Florijn (Haarlem) had het er in mijn tijd nog druk mee omdat het vlak naast een oudemannenhuis stond. Later gebruikte Kees zijn pomp alleen nog om zijn flessen voor het café te vullen. Maar een tovenaar op de jeneverpomp was even verderop aan het Spaarne Toon van den Heuvel die op zijn tachtigste nog zonder te kijken onder een goed gesprek de ene na de andere fles precies tot het streepje volpompte. Of dat het was waarvoor hij later een lintje kreeg is nooit duidelijk geworden.

Jenever kennen we alleen nog uit de fabrieksfles. Zo kun je aan het etiket de inhoud controleren en klinkt bij het schenken uit de tuit dat heerlijke klok-klokgeluid waar liefhebbers verheugd als een pavlovhond op aanslaan. Bier daarentegen komt in het café nog steeds uit de tap. Dat is echter. En beter. Is jenever een conserveringsmiddel van zichzelf, aan bier in flesjes wordt vaak troep toegevoegd en dat proef je. Bier in een vat bederft ook natuurlijk, maar daar helpt het toegevoegde koolzuur tegen. Vroeger had je dat niet. Toen werd elk biervat domweg op zijn zij gelegd. Om het bier van het vat in de klant te krijgen hoefde de kastelein slechts een kraan in het spongat te slaan en te tappen. Dat ging enkele glazen goed, maar naarmate het vat leger van bier en voller van lucht raakte sloeg het bederf toe. Daarom wordt de lucht tegenwoordig meteen vervangen door een gas dat geen kwaad kan omdat het toch al in het bier zit. Koolzuur en bier bijten elkaar niet en zorgen samen voor een mooie schuimkraag.

Toch zijn ze er nog, al moet je goed zoeken, de cafeetjes waar bier vooral in flesjes wordt verkocht. Dat zijn de mooiste. Kijk maar in Den Haag (Vondel), Zaandam (Lamers), Delfzijl (Stad en Lande) of Leiden (Papillon).En er gaat meer bier in een flesje dan in een glas. Bij het afrekenen hoef je alleen de doppen te tellen. Maar een mens blijft een mens. Nog zie ik de zwervers bij café Zus (Amsterdam) op hoge toon protesteren als ze in plaats van hun flesje Heineken een flesje Amstel hadden gekregen. Ook een klant zonder vaste woon- of verblijfplaats is koning.

Met de opkomst van de speciaalbieren heeft de bierpomp veel van zijn glans verloren. Omdat de klanten het liever uit de tap dan uit een flesje willen is de monoliet van weleer volgehangen met kraantjes, alsof men van de ene ware God is overgestapt op de veelgoderij. In mijn ouderlijk café was er nog maar één pomp, die als een totempaal uit de tapkast oprees en louter het geloof in Oranjeboom verkondigde. Iedereen wist dat Oranjeboom werd gebrouwen in Rotterdam, waar het water in een steeds slechtere chloorlucht was komen te staan, maar mijn vader was er contractueel aan gebonden. Steeds vaker eisten klanten daarom op hoge toon Heineken of Drie Hoefijzers, die op veilige afstand van de Rotterdamse chloorputten werden gebrouwen. Daar zaten wij niet mee. Zonder een spier te vertrekken gaf de ober op zaalsterkte 'Eén Heineken, één!' dan wel 'Eén Hoef, één!' door. Desgewenst kwamen er achter elkaar vier soorten bier uit dat ene kraantje. Nooit een klacht gehad.

Lastiger was het 'aanslaan' van de vaten. Om het bier in de kelder met de pomp boven te verbinden en koolzuur toe te voegen moest je een metalen pijp het vat in hengsten met een vastberadenheid alsof je maar één kans had een draak de kop af te hakken. De minste aarzeling werd afgestraft met een fontein van bier en schuim, heel de kelder door. Ik spreek hier uit ervaring. Het is ongelooflijk hoelang de lucht van bierslijm aan een mens blijft hangen.

Aan een wijnkelder begon je niet. Dat was meer iets voor een restaurant. Om het gezeur over droge of witte wijn, goede of slechte jaren de kop in te drukken schenken kasteleins van de oude stempel nu nog louter lage wijn tegen hoge prijzen. Dat zal ze leren, de klanten. Wie per se over afdronk en bouquet wil zeuren neemt maar een likeurtje. Klassieke cafés als Hoppe en Kalkhoven hebben daar een heel drankorgel van in de vorm van op elkaar gestapelde grote en kleine vaatjes, elk met een eigen kraan en heerlijke namen als 'bruidstranen', 'juffertje-in-'t-groen', 'pruimpje-prik-in' en 'hempje licht op'. Die drankjes bestaan nog, maar nu staan ze in hun flessen mooi te wezen in de verlichte uitstalkast achter de bar, wachtend op de komst van een toerist die de zuurstok-kleurtjes niet kan weerstaan. Een vaste jongen begint niet aan die flauwekul, tot opluchting van een barvrouw als Wilma van De Druif. Kwam er onverhoopt een halve bus Italianen of Japanners dan kregen die een voorgedrukte kaart met tien à twintig smaakjes. Had iedereen eindelijk zijn keuze gemaakt en een plekje op het terras gevonden dan klokte Wilma alle glaasjes vol uit een en dezelfde fles. Een 'experience' noemen ze dat in de toeristenindustrie.

Naast de likeurflessen verschenen achter de bar steeds meer flessen whisky en cognac, op de prijskaart nog lange tijd als 'gedest.buitenl.' terug te vinden. Er kwamen zelfs speciale houders voor in zwang. Volgens Harm Drenth, de kromme kastelein uit het boerderijcafé op de Brink van Norg (Drenthe), is daarmee de ondergang van het vaderlands café in gang gezet. Bij Harm in het café zat ik nog met de mannen rond de ene grote tafel, elk een kelkje voor zich, dat bijzonder nauwlettend kon worden volgeschonken omdat Harms oude rug een bocht van negentig graden maakte. Van moderne cafés wilde hij niets weten. 'Die deugen niet. Daar hangen de flessen ondersteboven achter de bar.'

De flessen en prullen achter de bar geven je ogen iets te doen. Maar het liefst zien mijn ogen de krulletters op de vaatjes van het drankorgel, in dezelfde stijl als de letters op de ramen van klassiekers als Rooie Nelis, De Kwaker, 't Doktertje en De Twee Zwaantjes. Er was een Argentijnse typograaf voor nodig om te achterhalen wie ze had geschilderd. Tot Ramiro Espinoza's, letterontwerper uit Argentinië, verbazing bleek in 2015 dat al die Amsterdamse krulletters waren terug te voeren op één man, de huisschilder Wim

44

Visser (1911-1987). Gespeend van een typografische opleiding vormde Visser de mooiste letters uit de Gouden Eeuw om tot een eigen type met behulp van zijn lijfboek *Letters en hare grondvormen; naar de beste bronnen bewerkt voor schilders, steenhouwers, graveurs en voor het onderwijs aan Ambachts- en Kunstnijverheidsteekenscholen*, in 1885 uitgegeven door de graveur Pieter van Looy. Eind jaren veertig, lang voor de opkomst van de plastic plakletters, maakte Visser zijn ontwerpen op papier. De omtrek van de letters perforeerde hij met een radeerwieltje, waarna het patroon met kalkpoeder op de ruit werd overgebracht om aan te geven dat men de koffie klaar heeft en over billiards beschikt. Bij Chris (Amsterdam) en De Oude Herberg (Zaandam) zijn ook de balken nog voorzien van dorstwekkende teksten vol taalfouten die voor Oudhollands worden aangezien. Veel balkteksten zijn eigenlijk tegeltjeswijsheden in het genre 'Beter ghedroncken en bedorven dan niet ghedroncken en toch ghestorven', maar er zijn ook aanbevelingen bij om werkelijk ter harte te nemen, zoals die op een lage balk in De Nieuwe Lelie: 'Denk om uw hoofd!'. En op de vaatjes van het drankorgel zie ik ze vervagen, de letters, want er is haast niemand meer die nog echt weet hoe het moet. Nu het ambacht letterschilder op uitsterven staat is het zaak de beletterde ramen voor eenzelfde lot te behoeden.

Elk jaar verdwijnen er prachtige voorbeelden, zoals die van De Kleine Karseboom, Van Wou of Het Molenpad, omdat het café teloorgaat of althans de ruit. 'Er worden dingen door de ruiten heen gegooid,' treurt Espinoza, 'krukken en stoelen meestal, maar een enkele keer ook een bezoeker.'

Een bezoeker is altijd wel voorhanden, maar krukken en stoelen had je lang niet in elk café. In zaken waar je alleen kon staan, gek genoeg loopzaken geheten, wipte je even binnen

Net naast de horecahutspot van terrassen en studentenjool houdt Het Bolwerk stand als het echte café van Enschede.

om een neutje te pakken. Fabrieksarbeiders deden dit zowel op de heen- als op de terugweg van hun werk. Om dit te bespoedigen stonden 's ochtends vroeg de glazen ingeschonken en al in een rij op de bar klaar. In het Rotterdamse Pardoel, tegenover het huidige Timmer, wipte dagelijks een wagenmenner binnen, kieperde zijn glaasje naar binnen en was weer op tijd bij de teugels van het paard, dat rustig voort was gesjokt. In Amsterdam wachtten de kroegbazen de havenarbeiders op van de pont. Aan een IJtunnel of -brug hadden zij geen enkele behoefte. Of aan een kruk. Laat staan aan drinkgewoonten als van de Oude Romeinen. Die gingen erbij liggen, wat in moderne ogen wel erg snel op de zaken vooruitlopen is.

Barkrukken verschenen om de klanten vast te houden en werden hoger naarmate de bar hoger werd om de koeling te bergen. De bar werd een echte ijskast. Staven ijs werden in mijn jeugd nog meerdere malen per week aangevoerd in prachtige bestelwagens met houten achterbak. De staven werden met vervaarlijke priemen aangestoken om ze mee te trekken en zo nodig aan stukken te slaan. Nog zie ik mijn vader met zo'n priem achter de ratten aan; mijn moeder klopte in plaats daarvan op de kelderdeur, dan gingen ze ook weg. Wij kinderen hadden dikke pret met de ijsscherven waar je op kon zuigen of je de stenen vensterbank mee kon laten glimmen. De flessen jenever en brandewijn hingen schuin boven in de koeling, het kopje buiten, voor het grijpen. Met het gedestilleerd in de onderhand en de bierkraan in de bovenhand is de kastelein schenkklaar. Liefst achter een hoefijzervormige bar, waar de klanten van de ene naar de andere oever kunnen praten en de kastelein daartussen zich achter zijn apparatuur aan de conversatie kan onttrekken. Zo heeft hij alle troeven in handen.

In het Grote Caféspel draait alles om de kastelein. Iedereen mag meespelen, maar hij alleen heeft de bank. Niet de tapkast zelf maar de kassa erbovenop vormt de principiële scheiding tussen kastelein en klant; het is de kassa die een kamer tot café verheft. Het gaat niet om het altaar maar om het tabernakel. Velen zien de kassa als een noodzakelijk kwaad, maar hij int geen boete op het drinken, hij beloont je met het mooie gevoel van een bijdrage aan het offerblok. Met een klein offertje aan de kassa verwerft een caféganger de vrijheid die hij in zijn huiskamer zo node ontbeert. Bij het afrekenen geeft de kastelein je zijn zegen. Doe er een fooitje bovenop en de absolutie is verleend. Kom daar thuis eens om.

Biologisch bezien is de toog tussen kastelein en klant het best te begrijpen als een semipermeabele membraan. Net als in de cel- of darmwand gaan vloeistoffen er maar in één richting door. Op deze manier proberen ze de concentratie aan weerszijden van de scheidingswand gelijk te krijgen, een stadium dat in een cafébedrijf nooit wordt bereikt omdat steeds nieuwe vloeistof van gene zijde wordt aangevoerd. Van de ingestroomde sappen maakt de caféganger hetzelfde als een cel van de zijne: leven. In omgekeerde richting stroomt in het café het geld. Daar moet de kastelein op zijn beurt van in leven blijven. De semipermeabele toog dient om de drank- en geldstroom gescheiden te houden. Zolang dat lukt, steeds weer, dag in dag uit, is er leven in de brouwerij. Het zijn niet de slechtste toneelstukken die jaar na jaar elke avond weer worden opgevoerd.

Daarbij hoort een onveranderlijk decor. Op dit solide uitgangspunt is het stamcafé gebouwd. Wat heb je aan een stam in losse grond? Van een goed café moet je op aan kunnen. Beter dan van een huiskamer. Wat je in het café zelden overkomt maar in menig huiskamer minstens eens per jaar, is dat bij binnenkomst alles ergens anders staat of van kleur is verschoten. De oude stoel is vervangen door een nieuwe, een nieuwe door de oude, de lamp die altijd te hoog hing hangt nu te laag. Dat moet. Voor de verandering. Of iets met lifestyle. 'Wat vind je ervan?' Vraag dat de poes maar. Opgeschrikt door een vreemd geluid of een vleug vreemde kater wil die straks met drie, vier automatische sprongen maken dat hij wegkomt, maar dat mislukt jammerlijk als een van zijn steppingstones niet op zijn vaste plaats is. Geluid van vallend aardewerk overstemt nog net de krijs van de misstap. Woonde hij maar in een goed café. Een goede kastelein doet niet zo raar. Die houdt alles bij het oude. Een nieuw verfje beschouwt hij als een ingrijpende verbouwing. Hij kent zijn klanten. Eén schilderijtje ergens anders hangen, weet hij, en je bent twee klanten kwijt. 'Vaak kan een café-eigenaar nog geen tafeltje verschuiven,' schrijft Yvonne Kroonenberg, 'of de mensen blijven weg. "Vroeger was het gezellig," zeggen ze dan, "maar nu niet meer."'

In 1973 had de Compagnie tot Instandhouding van Bruine Cafés en Tapperijen in de Provincie Groningen er genoeg van en eiste van haar doelgroep dat de tijd er ten minste 'enkele tientallen jaren' moest hebben stilgestaan. Laatst was ik in zo'n bruin café of tapperij, 's ochtends, nadat de tafeltjes in de was waren gezet en uitgewreven. Met zorg werden de poten in de putjes van het tapijt teruggezet. Ik moest even slikken. Hier ging men nog teder met het oude om en bleef de tijd, net als de klanten, graag nog even hangen. Ach, als ergens alles maar altijd blijven kon! Stilstand is achteruitgang, maar dat kan met de overvloed aan vooruitgang elders weinig kwaad. Hoe heerlijk is het na jaren terug te komen in Hotel Van der Werff op Schiermonnikoog, waar de tijd door de legendarische Jan Fischer is stilgezet. 'Vernieuwing is gebrek aan zelfbeheersing' vond hij. In Leeuwarden houdt Bierhuis Lampie de tijd zo grondig tegen dat er gaten dreigen te vallen. 'Was het hier altijd al zo?' vroeg mijn vriendin onschuldig. 'Welnee,' antwoordde de bazin, 'vroeger was het nog veel erger.' Maar ook veel gezelliger: 'Er werd om tien uur 's ochtends al gevochten.' Verder blijft alles er bij het oude. Voor groter vasthoudendheid moet je over de grens, in Engeland zijn. Hier houdt Oxford dapper stand. Veel pubs zijn er helaas teloorgegaan, maar de colleges staan erbij als immer tevoren, omringd door onberispelijk gazon. 'Hoe krijgt u dat toch voor elkaar?' vroeg een Amerikaanse tuinliefhebster. 'Grasmaaien, mevrouw, twee keer per week,'

Alles wat je hoeft te doen is niets. De tijd doet het werk in proeflokaal Wynand Fockink, Pijlsteeg, Amsterdam.

antwoordde de al even onkreukbare plantsoenbeambte. 'En dat vierhonderd jaar achtereen.' *That's the spirit.* Hoe ouder hoe beter. In een café uit 1750 smaakt het bier beter dan in een uit 1890, laat staan 2017. Dat is nu eenmaal zo.

Toch blijft die ene verandering ook binnen het café onontkoombaar: de dood. Het lijkt zelfs of er binnen het café meer wordt gestorven dan daarbuiten. Dat zal ook wel zo zijn. Vooral kasteleins; mijn geheugen lijkt wel een begraafplaats voor kasteleins. Maar de klanten kunnen er ook wat van. Een dode stamgast wordt oprecht herdacht, liefst in de geest van de overledene, en betreurd. Dat hij dood is, is erg, maar hij is vooral ook kwijt. Wie moet er nu op de lege kruk zitten, hoe worden de gelederen weer gesloten? Om het onheil te bezweren wordt ten langen leste een koperen naamplaatje besteld en op de bar geschroefd. Bij Kees Wegkamp in Haarlem hoefde je niet te wachten tot je dood was. Notoire stamgasten kregen een foto of tekening aan de wand. Ook ik hing daar, rechts, tussen de levenden. Ging je dood dan verhuisde je naar de linkerwand van De Oude Florijn. Zo drinken de doden weer mee. Maar wat doe je met een stoelklant? In café De Druif stond jarenlang een gerieflijke leunstoel – om niet te zeggen dé gerieflijke leunstoel – in een hoekje bij de kranten. Hier wou iedereen wel lezen. Maar om onopgehelderde redenen stierf elke vaste stoelzitter binnen een paar maanden, althans nog sneller dan gezien de gestage inname en gevorderde leeftijd van het slachtoffer voor mogelijk werd gehouden. Een tiental begrafenissen later is de stoel onlangs dan toch vervangen. Tegen de dood is ook een kastelein niet opgewassen. En het kost klanten.

Hoeveel klanten moet je hebben? Hoe meer zielen hoe meer vreugd, zou je denken, maar ook gezelligheid kent haar grenzen. Waar die liggen hangt af van de soort waar het gezelligheidsdier toe behoort. Tijgers zijn het liefst in hun eentje, herten met honderden. Vissen leven in een school, regenwulpen in een vlucht, oesters gaan per dozijn. En mensen? Kinderen gaan per klas, agenten per blik, bejaarden per bus, cafébezoekers per barretje. Tel je het na, dan zijn mensen, net als veel apen, met zijn dertigen op hun gezelligst: dertig kinderen per klas, dertig vrienden in een kring, dertig voetballers op een veld – scheids en invallers meegerekend. Dertig mensen, dat zijn er net genoeg voor altijd wel vier vrienden en twee vijanden, een zeikerd en een slappe ouwehoer, de dikke en de dunne, drie dames en een lekker wijf. Genoeg om te lachen en te weinig om te huilen. Compleet. Wil je het gezellig houden, timmer dan een cafeetje voor dertig man. Is er drank genoeg dan kan de groep gemakkelijk uitdijen tot veertig, vijftig. Het café kan daarbij even klein blijven, want

mensen met drank op nemen minder ruimte in. Zie hoe ongelooflijk ze zich samenpakken in Maastrichtse knijpjes als
In de Karkol.

Zing een lied over een klein café en je hebt een tophit, ook
al lijk je in niets op een popidool. De meest onwaarschijnlijke zanger om in het hoogtij van de popmuziek de hitparade
te bestormen droeg een bolhoed, een strikje en de weinig opwindende naam Vader Abraham. Zijn 'Kleine café aan de
haven' klonk in vijftig talen over heel de wereld. Wat was het
geheim van zijn succes? Zelf denkt hij aan de afwisseling van
mineurcoupletten ('De toog is van koper / toch ligt er geen
loper') met het majeurrefrein ('Daar zijn de mensen gelijk en
tevree / daar telt je geld of wie je bent niet meer mee'). Het
weemoedige mineur past goed bij het gehunker rond de haven, maar als je goed luistert ligt de klemtoon niet op 'haven'
maar op 'kleine'; daar bij dat *kleine* café aan de haven, *daar*
zijn de mensen gelijk en tevree. Met een lied over een grand
café had Vader Abraham geen plaat verkocht; een grand café
is een inwendige tegenspraak. In een grand café was het lied
niet eens ontstaan. Vader Abraham haalde zijn inspiratie uit
't Schippershuis in Hoorn:

Ik dacht: dit is een café waar men huilt en lacht. Hier
komt 's avonds een man binnen die roept: we drinken er
allemaal een. Het is een zoon! Of hij komt verdrietig
binnen: m'n oma is overleden waar ik zo van hield. En
dan sluiten ze hem in de armen. Ik zag die stulp eieren
staan, een lei met namen erop, de biljarters en de poster
van de Volendamse voetbalclub scheef op de toiletmuur
en ik ben thuis gaan schrijven.

Alles wordt steeds groter: huizen, steden, vliegtuigen, ambities. Amsterdam bijvoorbeeld is in een eeuw vijfmaal gegroeid. Toch is het aantal inwoners nauwelijks toegenomen. Zijn de Amsterdammers groter geworden? Nee, hooguit dikker. Ze hebben meer ruimte per persoon gekregen. Dat kan heel handig zijn. Maar hun mooiste herinneringen gaan niet per se naar dat grote huis uit. Die zijn voor die nacht in dat weekendhuisje, die week in dat tentje, die keer in de auto. Op de hei wil je een hutje, in de grote stad een klein café. Een café moet je net als een paar schoenen als gegoten zitten, niet te klein, maar vooral ook niet te groot; net groot genoeg om je erin te kunnen verliezen. Dan past hij.

Ik heb ze nog gekend, de miniatuurcafeetjes van Amsterdam: De Voskuil (16 m²) op de Haarlemmerstraat, de Beurs Bodega (20 m²) en het House of Liqueurs, het opkamertje van tante Cor, verscholen achter een dot van een slijterijtje. Voor een pareltje moet je nu naar Groningen, café Dijkman, het kleinste van de stad. Laatst kon ik er niet eens meer bij, de deuren geblokkeerd door de billen en benen van de bezoekers. Eenmaal binnen valt de ruimte best mee, mede door het voormalig slijterijtje dat erbij is getrokken. En overal oude reclames, flessen, versiering, kaarten, al 140 jaar onder dezelfde familie. Zo hoort het.

Een goed café is klein. En bruin. Het laatste spreekt minder vanzelf dan het eerste. Op zichzelf is bruin geen compliment. Rotte bladeren zijn bruin en poep is het. Bruin is de kleur van de dood en het graf. Nooit ging de zon bruin op. Pindakaas is bruin. Er is geen land ter wereld met een bruine vlag; wie vlagt er nu met de kleur van poep en pindakaas? Zelfs bruine mensen noemen zich zelden bruin. Liever worden zij zwart geheten.

Vroeger, toen iedereen nog blank was in het Groene Kikkerland, had je er mensen in alle kleuren: Blonde Greet, Zwarte Kees, Rooie Nelis. In de Betuwe, waar ik lang woonde, hadden veel mensen van die bijnamen. Aan de ene kant van het kroegje onder de stadspoort, De Knip, hield Ries, de oude kroegbaas, zijn schaapjes. In de lente kregen deze eerst hun melk voordat wij klanten ons bier kregen. Aan de andere kant woonde De Kraai. Die heette zo omdat er al genoeg Burenezen als bijnaam De Zwarte hadden en omdat de kinderen 'Kra! Kra!' riepen als ze treiterend om zijn huis renden. Waarom ze dat deden wisten ze zelf niet, maar hun ouders hadden het al bij de ouders van de huidige Kraai gedaan. Maar op een gegeven moment hielden de kinderen op met dat kraaien. Bij een ongeluk had De Kraai een been verloren en nu zat hij met het overgebleven exemplaar rechtuit in zijn rolstoel uitgestald voor zijn deur, bij tij en ontij. Er was geen kind meer dat hem nog De Kraai durfde te noemen; hij heette nu De Reiger.

In Haarlem had je Blauwe Kees, een vriend van mijn vader. Soms gingen ze samen op stap. Kees heette Blauw omdat hij zoveel zoop. Zoals rood de kleur is van de liefde is blauw die van de drank. Met een blauwe knoop als banier was het streven van de geheelonthoudersbonden dan ook bij voorbaat zo goed als verloren. Waren daarentegen alle kroegen blauw, ik zou er de logica van inzien. Maar ik zou er niet heen gaan. Een goede kroeg is nu eenmaal bruin. Dat bruin een ongunstige bijklank heeft doet daar niets aan af; de meeste bijnamen – Manke Joop, Schele Henkie – zijn niet complimenteus. In verband met kroegen duidt bruin vooral op ouderdom, ingesletenheid, doorleefdheid. Een verzoening met de vergankelijkheid in een tijd dat alles stralend wit moet zijn.

Je kunt het je nauwelijks meer voorstellen maar eeuwenlang gold bruin als ideale kleur voor binnen. Een victoriaanse salon had nog het meest weg van een herfstbos. Het laatst was bruin in de mode in de jaren zeventig, niet toevallig ook de renaissance van de bruine kroeg. Om de recente verliezen aan echte cafeetjes te compenseren werden kruideniers, slagerijen en groenteboeren tot bruin café omgebouwd. De bruine verf werd als met brandweerslangen rondgespoten. Aan de mooie tegelvloer is nog te zien dat een door-en-door bruine Zeedijk-kroeg als Dijk 120 tot 1971 nog een winkel was. De hoge lambrisering laat nog net een reepje muur vrij voor onvervalst Jordaanbehang. Horecawinkels deden eind vorige eeuw goede zaken met Taiwanese thonetstoelen, wagenwielen zonder wagen, Aziatische kleedjes uit Deventer en grappig bedoelde beeldjes van de Dikke en de Dunne. Later kocht horecatycoon Kooistra er per container in om de Drie Gezusters en andere echte kroegen in Groningen te verpesten. Uit België werden toonbanken aangerukt, uit Engeland complete namaakpubs. Als het maar bruin was. Overigens kan het wel: goede bruine kroegen bouwen. In Haarlem liet horecaliefhebber Quim Nunes Henriques een viswinkel verbouwen tot het prachtige In den Uiver, na de grote Slag om de Amsterdamse Zeedijk bloeiden Verhoeff en De Ooievaar op uit het niets. Onlangs nog toverden twee Weespers een slecht restaurant om tot een goede kroeg: Bijna Thuis. De omgekeerde wereld!

Hoe maak je een kroeg bruin? In de verfwinkel is nauwelijks een aanvaardbare tint te vinden. Dat is juist het aardige. Bruin is hetzelfde als wit en toch het tegenovergestelde. Wit licht bestaat uit alle kleuren van de regenboog; laat het op een prisma vallen en er komt een regenboog uit. Omgekeerd is lastiger. Meng alle kleuren van de regenboog in een verfpotje en je krijgt geen wit maar bruin. Kaatst een rood vlak het helderrood terug uit het erop vallende witte licht, een bruin vlak absorbeert door zijn mix aan kleurstoffen zo veel golflengten dat er een onbestemde bonensoep wordt gereflecteerd. De beste bruintinten worden nog steeds gemaakt van de bruinste aller bruine stoffen: aarde.

Het bruin van een echte bruine kroeg is namaak. Een echte bruinekroegenschilder schildert het hout niet bruin, hij schildert bruin hout. Hij bootst niet alleen de kleur maar ook de structuur van hout na. Dit 'houten' is een verfijnd ambacht dat in de negentiende eeuw vooral in België en Frankrijk opgang maakte. Nu nog zijn er hoogaangeschreven opleidingen in Brussel en Parijs waar 'professeurs' in echte schildersjurken en -baretten de fijne kneepjes van het imitatieschilderen doorgeven. Vuren toveren ze om in eiken, eiken in mahonie of palissander. Een kerk van hout en gips pimpen ze op tot een marmeren kathedraal waar elke god zich thuis voelt – kijk maar eens in de Sint-Pieter van Oudenbosch (en vergeet dan het gemoedelijke café van Kees Nuijten niet). In Nederland waren het vooral de schilderpatroons die na jaren plafonds witten en muren sauzen complete puien, tapkasten en lambriseringen in chic meubelwerk omtoverden. De besten deden er de belettering bij.

Bruin stucwerk voor plafond of muren vraagt meer tijd. Om stuc mooi bruin te maken verf je het wit. Open je zaak en wacht een halve eeuw. De tijd maakt het schilderwerk dan vanzelf af met vuil, kachelwalm, spinnenpoep, alcoholdampen en natuurlijk tabaksrook. Dat laatste was tot voor kort geen probleem. Rokers hielpen het café graag aan de juiste tint, die je het best 'longenbruin' zou kunnen noemen. Plafonds en wanden van oude cafés hebben dezelfde kleur als de longen van de rokers, die als het ware in hun eigen ademhalingsorganen vertoefden. Helaas: wat goed is voor het schilderwerk is meestal slecht voor de gezondheid. Loodwit, brandweerrood, menie, arsenicumpap; kom daar nog eens om. Nu ook nicotinebruin tot de verboden kleuren gaat behoren moeten we extra zuinig zijn op de bruingerookte interieurs die ons uit ongezonder en onbekommerder tijden zijn overgeleverd. Dat opa niet voor niets gerookt heeft.

Even bruin als de rest van het interieur zijn de Perzische kleedjes op de tafels. Het lijken wel camouflagedekens. In Perzië zijn ze natuurlijk nooit geweest; niets is zo Hollands als een Perzisch kleedje. Ze komen uit onze eigen textielindustrie die in de negentiende eeuw ontdekte hoe je machinaal fluweel kunt maken. Hiervoor moet je in drie dimensies kunnen weven omdat fluweel behalve een lengte (schering) en breedte (inslag) ook een hoogte (pool) heeft. Dankzij de hoge pool vangt een Perzisch kleedje heel wat bier en as op. Zelfs het geouwehoer wordt deels opgezogen. Voor de akoestiek zijn Perzische kleedjes een zegen; eigentijdse, kale cafés zouden er hun voordeel mee kunnen doen. Het onderhoud mag geen beletsel zijn: wanneer ze op een gegeven moment braken, kochten we in De Munttoren gewoon nieuwe, voor weinig.

Een prettige bijkomstigheid van bruin is dat je er lang niet alles op ziet. Het is zoals dat heet 'niet besmettelijk'. Dat komt goed uit in een morsige bedrijfstak waar glazen en asbakken worden omgestoten. Je ziet het niet maar je ruikt het wel. Juist dat groezelige van menig bruin café voelt weldadig aan wanneer je zelf ook niet meer helemaal fris bent. Je hoeft je niet als een varken in de modder te wentelen om behagen te scheppen in morsigheid, al is het maar tijdelijk. Het bed met de gekreukte lakens, de klamme lappen, de bezwete dekens niet helemaal reukvrij om je heen, voelen 's ochtends zo heerlijk dat je je nog even omdraait voor je je bed uit wilt, ook al stuit die onopgemaakte onfrisheid je na het douchen even hard tegen de borst als dat je haar zojuist nog aan de borst drukte. Even gemakkelijk wentel je je voor het sluiten nog even in de kroeg. Hygiëne en gezelligheid gaan niet altijd hand in hand.

Toch mag het geen zwijnenstal worden en dat wordt het dan ook niet. 's Ochtends in het felle ochtendlicht wordt menige bruine kroeg schoongemaakt als op een zeventiende-eeuws schilderij, met emmers en dweilen. Vlonders worden met chloor geboend, tafeltjes grondig gesopt. De tap is de avond tevoren al gedaan.

's Ochtends wordt de avond grondig van de vlonders gespoeld.
Zeedijk, Amsterdam.

Het mooist blijft het strooizand op de houten vloer van zaken als De Engelse Reet, die zo door de schoenen van de klanten als vanzelf wordt geschuurd. Het zandstrooien stamt uit de tijd dat er nog gepruimd werd. Vloog een uitgespuwde pruim naast de kwispedoor dan was die gemakkelijk met zand en al op te vegen. Maar deze strandbeleving werd een eeuw geleden al minder door de opkomst van tegels en plavuizen. De Zwart en Mulder hebben nog steeds prachtige kringeltegelvloeren; bij Co Meijer is de vloer bij een verbouwing gesneuveld en 't Hoekje op de Krom Boomssloot is helaas geen café meer. Hoe betrekkelijk vooruitgang is bleek in 1976, toen Karpershoek de plavuizen liet slopen om weer zand op hout te strooien. Nu de kwispedoors nog. Maar daar zal het wel niet meer van komen nu de zaak door Tickets & Tours is opgekocht als toeristenfuik.

De kastelein.

3

De stam

Iedere doordeweekse ochtend, vijf dagen per week, vallen miljoenen gezinnen uiteen. Mannen en vrouwen geven elkaar nog een laatste kus, kinderen wordt nog iets toegestopt voor onderweg. De minnaar van vannacht verandert in een chef inkoop, de zorgzame moeder heeft haar politie-uniform al aan. Het merendeel van de dag zullen de kinderen aan het ouderlijk gezag onttrokken zijn, op school; zelfs baby's worden van hun moeder gescheiden. Een chemicus herkent in dit oplossen van familiebanden het oplossen van stoffen in water, waar ze uiteenvallen in ionen, die zich verenigen tot nieuwe moleculen, vol nieuwe, onverwachte, niet uit de samenstellende delen te voorspellen eigenschappen.

Eenmaal de deur uit wordt een volwassen mens een werker. Of een werkloze – ook dat blijk je pas te zijn wanneer je over straat loopt. Samen met andere werkers wordt een mens een collega. In plaats van de liefde bedrijft hij nu het boekhouden. Maar aan het eind van de middag is hij het zat en worden de rollen weer teruggedraaid. Zij het lang niet altijd meteen. Voor werkers weer vader en werksters weer moeder worden nemen velen voor hun derde leven een derde gedaante aan. In het café voegen de losgeslagen echtgenoten zich bij de vrijgezellen, de oude mannetjes, een enkel stelletje en de buurvrouw en is een nieuwe stam ontstaan, met eigen riten en een eigen moraal.

De buitenwereld leerde de wereld van de stamkroeg vooral kennen van de televisieserie *'t Schaep met de 5 Poten*. Eerder schuimde schrijver Eli Asser de cafés al af voor *Vrij Nederland*. Daarbij kwam hij vaak zijn leermeester Simon Carmiggelt tegen, 'twee roofdieren op zoek naar buit'. Het jachtterrein van Carmiggelt was duidelijk afgebakend:

> Mijn voorkeur gaat uit naar de gewone, wat morsige kroeg, waar de gemiddelde leeftijd der klanten boven de vijftig ligt. Er moet doelgericht, doch niet onstuimig worden ingenomen. Sneuvelzaken mijd ik als de pest, net als opgedirkte tenten met inschenkende dames die, met bekwaam verbeten verveling, tot aanhoren bereid zijn.

Liefst schreef hij over cafégangers als Gerrit, 'de lokale nietsnut, een logge man, met het gezicht van iemand die een probleem torst. Dat doet hij ook. Hij weet alleen niet wélk probleem. En hij drinkt om erachter te komen, denk ik.' Carmiggelt schreef over het café met dezelfde liefde waarmee Jac. P. Thijsse over de natuur schreef en met eenzelfde weemoed om wat toen al verloren ging. Gerrit was gewoon een oude struik die op uitsterven stond. Van bundels als *Kroeglopen* werden honderdduizenden exemplaren verkocht, tot groot genoegen van Carmiggelt, die zich 'eindelijk eens bevoegd' voelde. Jarenlang was hij zelf immers als vaste jongen lid van de stam. Maar wetenschappelijk verantwoord was het niet. Het onderzoek naar aparte stammen is het terrein van de antropoloog. Een vette kluif onder handbereik.

En er is, als bij alle uitstervende volkeren, haast bij.

Als hoogste vorm van onderzoek geldt bij veel antropologen de participatie. Met je eigen peniskoker tussen de andere jongens aan de Vogelkopbaai. Helaas participeerde de enige antropoloog die ik in mijn stamcafé aantrof zo intens dat van het onderzoek weinig meer is vernomen. Uiteindelijk was het een socioloog, Gerrit Jansen, die de academische wereld in 1976 verblufte met een proefschrift over zoiets vulgairs als *De eeuwige kroeg.* Wetenschappelijk is er nog steeds weinig op aan te merken, maar aan eeuwigheidswaarde heeft de kroeg inmiddels ingeboet. Wellicht kan een bioloog enig licht op de zaak laten schijnen. Niets lijkt immers meer op de vaste jongens aan de stamtafel op het borreluur als een troep apen 's avonds voor zonsondergang onder een boom bijeen. En een naakte aap of een behaarde, dat maakt de etholoog niet uit.

De caféstam is in zijn stamcafé gemakkelijk terug te vinden aan een eigen tafel. Hier klit hij samenzweerderig bijeen. Vreemden worden weggekeken. In Duitsland is de tafel, gehouwen uit zuiver Wodanseik, voor alle zekerheid gemarkeerd met een opzichtig *Stammtisch*-bord en het gezamenlijk aanheffen van voor de eerbaarheid aanstootgevende liederen. In het oosten en zuiden van Nederland zie je dat ook wel, maar in het westen word je geacht aan de vorm en het formaat van de tafel het territorium van de clan te herkennen. Om hier aan te schuiven moet je van goeden huize komen. Rond de stamtafel van Scheltema zijn de namen van de opperapen gegraveerd om nieuwkomers af te schrikken, ook al zijn de meesten van die baasjes allang dood. De stam van Welling gaat volgens Bertie Eringa in *Gezelligheid is niet modern* subtieler te werk, met des te schrijnender resultaat:

De ronde tafel is een conclave. Nieuwkomers zijn er zeker welkom, maar als ze geen inbreng hebben, aanstoot geven of te snel oordelen, gaat het niet goed met ze. Soms zit er opeens iemand die op een verkeerde manier domineert en alle aandacht opzuigt. Dan weet de vaste tafelbezetting zich geen raad. Ook de harde jongens durven niet in te grijpen. Dat vinden ze te gênant. Het gevolg is dat de hele club zich subtiel en gefaseerd verplaatst naar de kleinere tafel in de hoek, zodat de vervelende indringer alleen aan de grote tafel achterblijft. Na een paar dagen trekt zo iemand dan zelf zijn conclusies. De Wellingcultuur is er een voor goede verstaanders. De normen en waarden zijn er codes geworden. Daar heb je het niet over.

Het lijkt zo eenvoudig om naar een buurtcafé te gaan. Je hoeft geen toegangskaart te kopen, je hoeft nergens lid van te worden en je mag je eigen kleren aan, maar lid van de stam word je alleen door regelmatig te komen, geen aanstoot te geven, de codes te leren en te respecteren en je bovenal voorlopig nergens mee te bemoeien. Een misstap is volgens Kluun en Hans van der Beek in *Aan de Amsterdamse nachten* snel gemaakt:

> Zo maakte een vriendin van ons ooit de onvergeeflijke fout om een bekende tekenaar/stamgast/buurtbewoner die met veel lawaai van zijn barkruk was gevallen, op te willen rapen. Het arme kind werd door woedende blikken van de aanwezigen terechtgewezen. In Welling hoor je over de gênante gevolgen van overmatig drankgebruik heen te stappen. Desnoods letterlijk.

Zelfs het vakblad *Misset Horeca* begrijpt het soms niet. Na de overname van De Korenbeurs (Zutphen) kreeg de zoon een standje: 'Het is niet altijd even gemakkelijk om de drempel over te stappen. De aanwezige gasten lijken niet echt blij met onbekende nieuwkomers.' Hier lag volgens het blad 'een uitdaging voor de kastelein' waar een compliment op zijn plaats zou zijn geweest. Een hechte stam herken je juist aan het wantrouwen jegens vreemden. Van de door horecaffers gepreekte 'gastvrijheid' moeten zij niets hebben. Hulde!

Om bij haar chimpanseegroep in het gevlij te komen zorgde apenonderzoekster Jane Goodall er altijd voor voldoende bananen bij zich te hebben. Voedsel delen schept een band. In het café heet dat een rondje geven. Dat haalt de banden aan en kost, als je het goed doet, niks. Als je het goed doet krijg je immers een rondje terug. Ogenschijnlijk onopgemerkt wordt door iedereen in de groep nauwlettend bijgehouden wanneer wie wat geeft en neemt, niet eens zozeer uit financiële overwegingen als wel om ieder op zijn sociale verdiensten te taxeren. Meer nemen dan je geeft wordt stilzwijgend in het geheugen genoteerd, dubbele strafpunten zijn er voor valsspelen, zoals whisky nemen en jenever geven. De eerste waarschuwing is dat je bij een rondje wordt overgeslagen, de doodsklap volgt als niemand meer iets van jou wil drinken. Deportatie blijft uit; men wordt geacht vrijwillig naar een andere caféstam te emigreren.

Gezien het wederkerigheidsprincipe is genegenheid aan de stamtafel nauwelijks met rondjes geven te koop. Onder mannen kom je nog het verst met dollen. Lijmen veel vrouwen elkaar met complimenten over hun uiterlijk of charme, in het mannencafé tel je pas mee als je met halvezool, ouwe rukker of badmeester wordt aangesproken. *Was sich liebt, das neckt sich.* Plaagstootjes worden uitgedeeld, incasseringsvermogens worden getest. Hoe harder je plaagt, hoe harder heb je lief. Schelden mag. Hierbij is het opmerkelijk over hoeveel vindingrijkheid en verbale acrobatiek stratenmakers, stukadoors en loodgieters beschikken. Jarenlange training in bouwketen betaalt zich op het borreluur uit. Raakt een advocaat na acht borreltjes in zijn eigen volzinnen verstrikt, bouwkeethumor bereikt met elk pilsje nieuwe hoogten. Lachen! Moppen mogen. Zoals deze, opgetekend door Jules Deelder:

Loopt een man in de woestijn.
'Water! Water!'
Komt er ineens een gozer aan met een stropdas.
'Stropdas kopen?'
'Water! Water!'
'Hele mooie das voor weinig.'
'Water!'
'Dus geen das? Weet u het zeker?'
'Water! Water!'
'M'n broer heeft verderop een café. Ga daar maar heen.'
Man bereikt op laatste kracht café.
'Water! Water!'
'Zonder stropdas?? Geen denken aan.'

Niet drinken is de belangrijkste activiteit in het café maar praten. Wat niet wegneemt dat drinken het praten danig kan beïnvloeden. Nog voor het de articulatie aantast beginnen de woorden hun logische volgorde te verliezen en raakt het doel van de mededelingen uit zicht. Over waar iemand laatst nog goed gegeten heeft. Wie we lang niet hebben gezien. Dat er een baby is geboren. Of we al wisten dat iemand z'n vrouw was doodgegaan. Als het ijs eenmaal is gebroken kabbelt een

De stam bijeen. De Oude Snikstal, Rodeweg, Groningen.

eindeloze vloed van woorden voort als een sterk meanderen-
de beek op een vergeefse zoektocht naar de zee. En dan heb je
nog de categorie van mensen zoals Suzette uit Ruk & Pluk
(Amsterdam), die maar wat lacht als ze even niets te zeggen
weet. Ze lacht veel.

Anderen daarentegen zien met elke consumptie scherper
hoe de wereld in elkaar steekt en kunnen niet wachten om
hun groeiende inzicht te delen. Ongevraagde adviezen worden verstrekt aan mensen die daar niet van gediend zijn.
Meningen worden verkondigd waarvan de spreker zelf niet
wist dat hij ze had. Zelfs de waarheid wordt niet geschuwd.
Daar kon iemand nog weleens spijt van krijgen. Maar dan
komt dezelfde drank die je in de problemen dreigt te helpen

je te hulp. Het gehoor dronk mee. Geen hond blijkt zich de volgende dag te herinneren wat je gezegd hebt; niemand heeft opgelet. Er bestaan wel praatcafés maar geen luistercafés. Luisteren doe je thuis maar. Opgelucht over zo veel clementie wordt dezelfde onzin van gisteren vanavond weer uitgevent. Niemand doet je wat, waar niemand luistert mag je alles zeggen. In het café is de ultieme vrijheid van meningsuiting verwezenlijkt.

Een café wordt bevolkt door zenders, niet door ontvangers. Wat kan het een elektromagnetische golf schelen of hij door een antenne wordt opgepikt? Stel je voor dat alle televisietoestellen nog net als bij mijn oma in een kast met deurtjes stonden, met alle toestellen aan en alle deurtjes dicht, zodat de wereld geheel ongezien voortraasde. En dat niemand in Hilversum dat wist. In De Munttoren hadden we een oude klant die altijd in zijn eentje aan een tafeltje zat. Na drie Hollandse cognacjes begon hij tegen de schemerlamp te praten. Dat moet hem goed bevallen zijn, want hij kwam elke week terug. De lamp kon het niet schelen en ook als menselijke toehoorder had je weinig te lijden: onder het aanhoren kon je eens rustig je gedachten over iets heel anders laten gaan. Het doet denken aan de telefoongesprekken met je moeder, waarbij je rustig even de hoorn neer kunt leggen om een wasje of een plasje te doen. Ma blij, plasje gedaan, wasje aan de lijn, ik blij.

Wat er in het café gezegd wordt doet er niet toe. Antropologen kunnen zich de moeite besparen om de taal van deze stam te leren. Voer voor psychologen is het café evenmin. Psychologen luisteren of ze sturen je een enquêteformulier om in te vullen. Dat is op zichzelf al een twijfelachtige methode, gezien het feit dat de taal vooral is uitgevonden om het liegen mogelijk te maken, maar van het geraaskal van cafébe-

Luisteren hoeft niet in een praatcafé. De Rat, Lange Smeestraat, Utrecht.

zoekers wordt geen enkele onderzoeker wijzer. Tijd voor de bioloog. Die luistert nooit. Dieren praten niet. En het heeft geen zin ze het te leren. Ondanks gebarentaal en gehannes met plastic tekens kwamen chimpansees niet veel verder dan 'come hug hug hurry hurry' en eindigden de welbespraaktste dolfijnen in het dolfinariumpierenbad. Niet omdat de dieren te dom zijn om te spreken maar omdat ze geen taal nodig hebben. Zonder taal begrijpen ze elkaar goed genoeg. Apen hebben geen taal omdat ze elkaar niets te zeggen hebben, mensen praten zoveel om dat te verbergen.

Dankzij hun taal hebben de mensen een maanraket gebouwd en de Hondsbossche Zeewering en café Eigenzorg te Leiden, dat is waar, maar met wat minder geouwehoer had het ook wel gekund. Mensen gebruiken het meest verfijnde spraakapparaat ter wereld, in staat tot 250 lettergrepen per minuut (Fransen 350), de godganse dag voor oeverloos gezwets. Niet om informatie uit te wisselen maar om sociale banden aan te halen. 'Goeiemorgen!', 'Wil je nog een kopje thee?', 'Koud hè', 'Weet je wat ik nu zag?', 'Waar doen ze het van?!'.

Mensen praten, apen niet. En wat doen apen dat mensen niet doen? Vlooien. Net zo goed. Of beter. Vlooien neemt onderlinge angst weg en onderhoudt een stabiele hiërarchie. Als regel wordt een hoge aap door ondergeschikten onder handen genomen, maar het aardige is dat die ondergeschikten het graag doen; ze vechten erom wie de baas mag vlooien. Een bioloog herkent in de stamtafel moeiteloos de groep chimpansees aan het eind van de dag, het werk gedaan, tijd voor de sociale contacten. Kletsen is vlooien op afstand, borrelen is vloeibaar vlooien. Duizend woorden voor één mededeling – 'ik mag jou wel' – en één vraag: 'jij mij ook?'. Voordat ze elkaar daadwerkelijk op de schouder slaan raken ze elkaar met de glazen. Proost. En ook de hiërarchie is voor de opmerkzame bioloog eenvoudig vast te stellen. De leider, dat is degene om wiens grapjes het hardst wordt gelachen en die zijn drankjes met de minste wenk het snelst geschonken krijgt. Alle gelul ten spijt verloopt de ware communicatie hier woordeloos. Vandaar dat de muziek in sommige cafés zo hard staat. Ze hoeven elkaar niet te horen. Ze verstaan elkaar toch wel.

Onder aan de hiërarchie bungelt de buitenstaander. In het buurtcafé wordt hij letterlijk met de nek aangekeken. Met een miniem omkijken of een steelse blik in de spiegel is de nieuwkomer bij de deur al te vreemd en dus te licht bevonden. Meer dan ruggen zal hij niet te zien krijgen, niemand maakt plaats voor een 'badgast'. Een ontdekkingsreiziger midden in het oerwoud krijgt een warmer onthaal. Een hechte stam houdt de gelederen gesloten.

Echte mannen zijn graag onder elkaar. Het drinkt niet lekker, vinden ze, met vrouwen erbij. Voor je het weet heb je iets verkeerds gezegd, te vet gelachen. Een vrouw alleen werd vroeger in menig café niet geschonken. Dat geldt tegenwoordig terecht als ongepast. Maar wat te doen met een kind? Op 26 oktober 2014 probeerde de kleine Ulvi, vier jaar, iets aan de bar van De Zwart te bestellen voor haar en haar vader, twaalf uur 's middags. 'Ga naar je vader.' Die bekloeg zich bij *Het Parool*. Om commentaar gevraagd vond eigenares Evelien van Houten een bruin café als het hare 'misschien niet de best gekozen plek voor kinderen. Wij zijn geen speelplaats en hebben geen ballenbak. Die hebben ze wel bij IKEA. Misschien is dat een betere optie.' Ernstiger is discriminatie op basis van ras. Die is sinds 1971 strafbaar. In november 1973 kwam het voor het eerst tot een boete (honderd gulden) voor de horecazaak waar 'iedere blanke naar binnen mag tot vast staat dat hij daar niet hoort' en 'iedere zwarte niet naar binnen tot vast staat dat hij daar wel hoort'. Overigens bleek een van de verdachten gemakshalve ook maar oudere mensen, personen in overall en met rugzak, en Amsterdammers te weren. 'En Fransen, want die zijn zo moeilijk te verstaan.'

Inmiddels zijn toeristen uitgegroeid tot een plaag voor menige caféstam. Stamgasten verschrompelen tot minderheid als ze niet door de eigenaar tegen de buitenlandse horden in bescherming worden genomen. Maar die is ten prooi aan een grote verleiding: tegen één pul bier voor een Engelsman moet hij vier pilsjes tappen voor de vaste jongens. Maar de meeste conflicten blijven vooralsnog een sociale kwestie: de verkeerde klant in het verkeerde café. Een hetero in een homotent, een werkman in een herensociëteit, een heer in een koffiehuis. Met een net pak aan word je in een buurtkroeg al snel voor een inspecteur van het een of ander aangekeken. Natuurlijk zijn er heerlijke cafés waar iedereen komt – Kalkhoven (Amsterdam), De Vergulde Kruik (Leiden), 't Bosschenaartje (Den Bosch) – maar vaker lijkt het of de sociale klassen met een eierzeef over de Nederlandse horeca verdeeld zijn en dat luistert nauw. Maar het ergst wat je als vaste jongen kan overkomen zijn klanten die voor hun plezier naar het café komen. Het toppunt van onbegrip. Lachend komen ze binnen met het vaste voornemen echt eens uit te gaan. Het is maar goed dat ze voor zulk uitgaanspubliek tegenwoordig speciale uitgaanspleinen hebben ingericht. Maar hou ze daar dan ook. Een goed café is alles en toch ook veel niet. Het is geen oord van verderf maar zeker ook geen plek van vertier. Niet voor de lol moet je in het café zijn maar voor het leven.

Een echt café moet je veroveren. Langzaam en niet eens zeker. Al leer je alle codes, dan nog weet je niet of ze je zullen accepteren. Vaak helpt het om als een echte waarnemer de andere mensen te bestuderen tot je zelf van alle drank een ander mens bent geworden. Kom in elk geval niet groepsgewijs, liefst in je eentje, zoals je voor een goede mayonaise druppel voor druppel olie toevoegt, geen scheut ineens. Het is een kwestie van adaptatie. Soms lukt het nooit. Dan past de kroeg je niet. Nog geen man overboord. Er zijn er meer. En soms is het het café dat zich aanpast. Van oudsher trekt De Druif vooral blanke mannen. Niet omdat er gediscrimineerd wordt – geen sprake van – maar uit traditie. Maar de laatste jaren verandert er in zo'n oer-Hollandse zaak toch ook wat in de samenstelling van het publiek. 'Soms,' stelt eigenaar Ron tevreden vast, 'lijkt het wel een bruin café hier.'

Stamgasten zijn honkvast. Maar je hebt ook nomadische stammen. Die gaan van honk naar honk. Zij beoefenen de bedevaart van het cafébezoek, het kroeglopen. Al is het nog zo gezellig, op een gegeven moment slaat zo'n kroegloper een rondje af, want hij 'moet nog verder'. Dan blijkt een stad als Groningen, Leiden, Haarlem, Utrecht of Amsterdam een aardiger wandelterrein dan de Veluwe of de duinen. Nergens wordt zo veel gewandeld als op de pleinen, over de straten en langs de grachten van de stad. Hier kun je nog met je handen in je zakken in gedachten verzinken. Van kroegie naar kroegie komt de jager-verzamelaar in ons aan zijn trekken. Borden met HEINEKEN of GROLSCH wijzen je de weg. In het Parijs van voor de oorlog voelde de Duitse schrijver Walter Benjamin zich net zo thuis als eerder in de wouden van zijn geboortestreek. 'Verkeersborden en straatnamen, voorbijgangers, daken, kiosken en cafés' hadden er op de ware wandelaar 'hetzelfde effect als een krakend takje onder je voet, als de alarmerende roep van een roerdomp in de verte, als de plotselinge stilte van een open plek met middenin, recht overeind, een lelie.' Een echte stadswandelaar, schreef Benjamin, 'gaat botaniseren op het asfalt'. En daar dan hier en daar een borreltje bij.

Als kroegloper ben je koning. Je hebt de kroegen voor het kiezen. Eenmaal binnen daarentegen is het over met de zeggenschap. Het café is geen democratie. Er zijn geen verkiezingen, van inspraak heeft niemand gehoord, de kastelein is door God gegeven boven ons gesteld. Meer dan heerser is hij hogepriester. Als een druïde voorziet hij iedereen van toverdrank die nieuwe krachten geeft. Maar bij die ene rol blijft het niet. Al naar de behoeften van zijn volk is hij ook vader, verpleegster, psychiater, coach, geldeiser, leraar, reisleidster of moeder. Elly van café Van Wou: 'Mij zien ze als een soort moeder. Als ze binnenkomen willen ze allemaal zoenen. Ik hou geen wangen meer over.'

Met dat zoenen met je oppassen als kastelein. Begroet je klanten met mate. Er moet afstand blijven. Het moet duidelijk zijn dat je als klant slechts wordt geduld. Je aanwezigheid is een privilege, net als op het Boekenbal, en dat je overal zelf voor moet betalen doet daar, net als op het Boekenbal, niets aan af. Een kastelein die zijn klanten te hartelijk welkom heet verspeelt de basis van zijn gezag, te weten dat niemand er zeker van is dat zijn aanwezigheid meer is dan het gevolg van een door financiële noden ingegeven gedoogbeleid. Om legendarisch te worden moet een kroegbaas beschikken over een zekere onbeschoftheid. Bij een al te vriendelijk bediening voelt een doorgewinterd innemer zich algauw niet serieus genomen. Het hedendaagse horeca-ideaal van de kastelein als gastheer zou een vloek geweest zijn in de oren van Ernst, legendarische barman van Welling. Die weerstond zelfs Ernst Bakker, de latere burgemeester van Hilversum en legendarisch klant:

> Op een keer had ik een afspraak in Welling met de Groningse gedeputeerde Roel Vos. Vos was er veel eerder dan ik en kwam in een leeg café. Alleen Ernst stond achter de bar nors voor zich uit te kijken. Hij zei ook helemaal niets. Na een half uur vroeg Roel aan Ernst: 'Doet u de PR hier?' Toen was het ijs gebroken.

Wat moet je, behalve een onnatuurlijke neiging om een ander gelijk te geven, hebben om kastelein te zijn? Zodra het eerste woord gewisseld is, begint het eigenlijke werk achter de toog. Als hij het goed doet hoeft hij zijn klanten alleen te starten; eenmaal aan de praat zijn ze niet meer te stoppen. Aangezien het in een café niet in de eerste plaats om het drinken maar om het praten gaat, is de hoofdtaak van een kastelein niet inschenken maar aanhoren. Dat is iets anders dan luisteren. Het gaat erom de indruk van luisteren te wekken. Volleerde kasteleins doen het met een vaag rollen van het hoofd dat zowel 'ja' als 'nee' kan betekenen, naar de keuze van de luisteraar. Zelf heb ik de vaardigheid van huis uit meegekregen, wat erg van pas komt nu ik een beetje doof begin te worden. Onbestemd knikken en vaag aanstaren helpen ook om luisteren te suggereren. Kun je het echt niet volhouden om niks terug te zeggen, zeg dan 'mmm' of 'dat wel natuurlijk'. Af en toe geef je 'stille Geers' toe, in navolging van Simon Carmiggelt, 'dat hij een koe met één vuist zou kunnen doodslaan'. Ga vooral nooit in discussie. Dan wordt aanhoren werken. Tenzij je over de aangeboren gave beschikt van Dirk Oorbel, kastelein van de Weesper Mop. Dirk heet zo vanwege de gouden ring die je duidelijk in zijn oor ziet zitten. Maar als je een paar borrels later nog eens beter kijkt zie je dat het ene oor, waar al het gelul uit gaat, iets groter is dan het andere, waardoor het binnenkwam. Dat kwam hem al van pas in zijn vorige beroep, als psychiatrisch verpleger. Hij behandelde ons gewoon als psychiatrische patiënten. Voor nazorg in de grote stad kon je naar De Nieuwe Lelie bij Fobian Taams, geheel opgebouwd uit rosse baard, dikke buik en twinkelende oogjes, die zeventien jaar directeur was geweest van een nazorgcentrum voor drugsverslaafden. Maar je hoeft er niet voor gestudeerd te hebben om met lastige klanten om te gaan. Theo de Boer, baas van Het Apothekertje in Den Helder, gaf mensen die hem niet aanstonden wat geld uit de kas met de woorden 'ga maar bij de buren een biertje drinken.' Hij was en bleef stratenmaker.

Een kastelein is geen stamhoofd. Hiërarchisch is hij hors concours. Zijn stam is niet ondergeschikt, maar afhankelijk. Om volle glazen te legen moet iemand lege glazen vullen. Dat dit geen recht maar een gunst is brengt een goede kastelein je van tijd tot tijd in herinnering. Dirk Oorbel ging gewoon dicht wanneer hij daar zin in kreeg, in een opwelling, soms ook midden in het borreluur. In een slagerij of groentewinkel zou je al je klanten meteen kwijt zijn, maar in Weesp sprak men met ontzag over de autonomie waaraan je de ware kastelein herkent. In Amsterdam deed de oude heer Welling, geestelijk vader van Ernst, de deur wel van het slot maar daarmee was je nog niet verzekerd van een drankje, volgens het jubileumboekje *Gezelligheid is niet modern*:

> Wanneer je dan zo rond het voormiddaguur het café binnenstapte keek de oude heer Welling doorgaans pas laat en vrijwel altijd enigszins verstoord op. 'Wat nu weer, toch geen klant mag ik hopen?' zo scheen hij te denken en ook Froukje keek de onverwachte gast aan met een gezicht of haar zojuist een oneerbaar voorstel was gedaan. Wie doorzette moest geduld hebben. 'Tappen kunnen we altijd nog en misschien gaat hij wel weer weg,' leek de gedachte te zijn die het tweetal op die sofa door de hoofden speelde.

Kroegbaas tegen wil en dank was ook Carel Sligting, naamgever van het prachtige café met de kleine bar en de grote biljarts in Overveen. Als het hem 's avonds te veel werd sloot hij af en nam hij de klandizie mee naar De Witte Zwaan, in Haarlem, door hem De Gore Eend geheten. De eerste ronde was voor Carel. Maar steeds vaker zag Carel het helemaal niet meer zitten en stonden de klanten de hele dag voor een dichte deur. Met een briefje, dat wel: WEGENS MENSENKENNIS GESLOTEN.

Tegen wil en dank toch kroegbaas; je bent het of je bent het niet. Carel Sligting was uit hetzelfde hout gesneden als Henk Wolthoorn, ook zo een die zijn naam voorgoed op een zaak stempelde. Roelof Stalknecht kwam er graag:

Henk heeft het eerbetoon verdiend dat het café naar hem genoemd is. De man was een op en top kastelein. Als je die op het strand zag wandelen, wist je dat hij daar niet hoorde. Hij hoorde nu eenmaal achter de tapkast.

Behalve roeping en noodlot is het vak van kastelein een ambt. Het café verschaft je bevoegdheden die een ambteloos burger niet heeft. Als scheidsrechter en boeman moet je de orde bewaren en soms zelfs mensen eruit zetten. Grootste bron van ergernis in het café is volgens alle onderzoeken niet te hard lawaai of te dure drank maar de medemens. Om vervelende mensen buiten te houden zie je weleens uitsmijters voor de deur staan maar om ze er daadwerkelijk uit te smijten heb je aan een goede kastelein genoeg. Lichaamskracht komt hier niet aan te pas. In Amsterdam kijfde tante Stien, dik in de zeventig, de grootste patser de deur uit en in Rotterdam had je meneer Pardoel. Die bracht zijn klanten vanaf het begin ontzag bij door je drie maanden als snotneus te behandelen. Riep je iets te hard om een rondje te geven dan werd je als nieuweling genegeerd. Was eenmaal de tijd aangebroken om je eruit te zetten dan werd dat geaccepteerd. Een van die klanten, Jan Goedhart, had een glas te veel omgegooid:

Ik moest dus meteen weg, de zaak uit, hoefde nóóit meer terug te komen. Nou, dat heeft zo ongeveer een jaar geduurd. Op zekere dag trok ik de stoute schoenen maar weer aan. Per saldo was Pardoel een zaak waar ik graag kwam. Ik stap dus zo rond drie uur de zaak binnen, zegt die ouwe tegen me, verbaasd kijkend, hij zegt: 'Vogel, wat heb ik jóu 'n lange tijd niet gezien. Wat zal het wezen?' Alsof ie nergens meer van wist, wàt 'n man!'

Pardoel was er een van de oude stempel. Fooien nam hij niet aan. Gaf iemand hem toch een dubbeltje te veel dan liep hij hem op de Oude Binnenweg achterna om het terug te geven. Hij wou het niet hebben, net als Arie Krom in Amsterdam. GEEN BEDIENINGSGELD stond er in kapitalen op zijn raam. Gaf je dat toch, dan kreeg je het teveel terug met een gezicht of het poep was. Maar hij schonk dan ook precies tot het streepje. Moet je nu eens in Krom komen! Maar nu staat er dan ook personeel. Fooi is voor de loonslaven, eigenaars hoef je volgens de ongeschreven horecawetten niets te geven. Als die iets willen, nemen ze het wel, zeker in De Kleine Toelast, een Alkmaars cafeetje dat lang niet altijd open is omdat kastelein Willem gretig meedrinkt en aan zijn gezondheid moet denken. Laatst was de kastelein van De Zwaan (Den Burg) er met twee kameraden. 'Drie bier,' bestelde hij. 'Niks ervan,' zei Willem, 'vier bier! Ik ben er ook nog!' Vroeger kregen de loonslaven niet eens loon en moesten ze het van de fooi hebben, een onrecht dat tegenwoordig nog welig in Amerika tiert. In Nederland werden het bedieningsgeld en de cao ingevoerd. Hoeveel fooi moet je nu geven? Het is een brandende vraag uit dezelfde categorie als die van de Schotse onderbroek. Niemand kent het antwoord. De een geeft te veel, de ander te weinig. In hippe cafés, waar veel elektrisch wordt betaald, is de fooi tot dicht bij nul gedaald. De bediening is er veelal navenant.

Gelukkig zijn er nog zaken waar de barman de kunst van het mansen verstaat. Zijn kassa heeft nog een luide bel. Trringg! Klanten die maar wat hangen spitsen de oren als een slaperige poes die de ijskastdeur hoort. Bert rekent af. Iets te luid noemt de barman het bedrag, dat laatdunkend of bewonderend wordt afgeluisterd. Dan laat de barman, enkele schijnhandelingen verrichtend, de tijd aan Bert om de

Als een trotse Zeeuwse prijkt Rie de Vijlder achter de toog van haar café De Kraai in Terhole.

juiste fooi te berekenen, maar dat valt in zijn toestand niet mee. Voor alle zekerheid geeft hij te veel. Zacht rinkelend wordt er bij het wisselen met geld geschoven, van het ene vakje in het andere en in de fooienpot. Inderdaad, dat is als aansporing voor de volgende bedoeld. Er wordt met gulle hand geofferd. Bij zo veel goedheid overvalt de klant een mooi gevoel, dat door de barman vertederd wordt aangezien. Zo ging het gisteren, zo gaat het vandaag en zo zal het morgen gaan.

Als er iets is dat het stamcafé kenmerkt dan is het de weerzin tegen verandering. Verandering is uit den boze. Niet alleen het interieur moet altijd hetzelfde blijven, ook de riten worden elke dag eender herhaald, alsof het een heilige plicht is die je geen dag mag overslaan op gevaar af dat de zon de volgende ochtend niet meer op zal komen. Vele jaren nadat ik Haarlem had verlaten kon ik er bij binnenkomst in De Oude Florijn nog donder op zeggen dat de vaste jongens er zaten, elk op zijn vaste plek, het gebruikelijke drankje voor zich. Omgekeerd werd van mij aangenomen dat alles bij het oude was; de jonge met ijs stond al klaar. Zo is het goed. Op je werk moet je vooruitstrevendheid voorwenden, met je kinderen moet je naar een avonturenpark, maar in diepste wezen verlangt elk mens naar sleur. Zelfs bioloog Dick Hillenius, schrijver van *Uit groeiende onwil om ooit nog ergens in veiligheid aan te komen* bekende zich tot sleur:

De sleur is een groot redmiddel. Er is een tijd geweest dat ik er onder invloed van romantische boekjes anders over dacht, dat ik me stelselmatig alle sleur afleerde, me van elke handeling het waarom en daarna uitvoerig het hoe afvroeg, me verliezend in denkdetails, totdat ik inzag dat het opgeven van de sleur het opgeven van leven zou zijn.

We kunnen de beweging van onze ademhaling regelen met de wil, met onze hersenen, maar als we aan elke ademhaling een gedachte wijden, zijn we al een groot deel van onze denkkracht kwijt. Het is veel handiger om de ademhalingsregeling over te laten aan het ruggemerg, dat kan meer dan één ding tegelijk doen.

Lang leve dan de sleur.

Eerste vereiste voor elk dier is veiligheid. Rugdekking, het territorium goed afgebakend, maar vooral ook de zekerheid dat de dag van vandaag net zo zal verlopen als die van gisteren. Een dag als alle andere is een luxe die in de natuur niet vaak voorkomt. Dan maar zo veel mogelijk van hetzelfde, net als in de alchemie, waar je dezelfde handelingen moet blijven herhalen, steeds weer, en dan nog eens, om goud te maken. Een repertoire van zekerheden is de enige solide basis van waaruit je eens iets anders durft te proberen. Hoe heerlijk zou het zijn als de radio elk uur hetzelfde nieuws zou laten horen, dagen, wekenlang, tot het erge eraf was. Beter wordt de wereld daar niet van, maar wel draaglijker. Elk organisme gedijt het best in een vast ritme. En gedijen doen ze, de vaste jongens in het stamcafé. Neem Drietje, uit Van Beijnums café op de Zeedijk:

Alles hetzelfde, dat was zijn ingeboren streven; op het gebied van de voorspelbaarheid stak hij het carillon van de Oude Kerk naar de kroon. Zelfde kleding, zelfde petje, tussen half zes en kwart voor zes binnenkomen, 'vuilviespleurisgraftakkenweer vandaag', en bij de eerste bestelling twee glazen bier – twee, omdat de eerste hem niet smaakte. Elke dag weer dat vaste repertoire. Inclusief de vijftien tot achttien pilsjes en het ritje met de laatste tram of bus naar de keet.

Voor hem ging er niets boven een geregeld leven.

Saai? Nee, juist een gewoontedier kan je voor een verrassing plaatsen, wist vertaler Joost Mulder in *Haarlemse huiskamers*:

Het gewoontedier is doorgaans een graag geziene gast. Elke barman of -vrouw kent ze, maar wie blindvaart op hun voorspelbaarheid kan van een koude kermis thuiskomen. Op de avondlijke verschijning van stamgast T. in café X. kon je ooit de klok gelijkzetten. Stipt om half elf klonk het klikgeluid van zijn fietsslot, kort daarop: 'Doe maar een fluitje' en iets later: 'Doe mij er nog maar een.' Dus waarom niet alvast een fluitje getapt en op de bar gezet, moet de bardame van dienst die fatale avond hebben gedacht toen ze T. zijn fiets op slot zag zetten. Helaas. Met een 'Ik maak godverdomme zelf wel uit wat ik drink,' maakte T. rechtsomkeert, om nooit meer terug te keren.

Sleur is broodnodig; anders heb je niks om uit te breken. Toppunt van sleur is een klok. Altijd maar in exact hetzelfde tempo. Toch zou je niet willen dat hij voor de lol eens harder of zachter liep. Of stilstaat. Je zou denken dat mensen in het café komen om de tijd te vergeten maar niets is minder waar. Als een metronoom tikt de grote staande klok in Hegeraad door de gesprekken heen om de klanten bij de tijd te houden. Een zo vast ritueel als het cafébezoek heeft nauwkeurig afgebakende begin- en eindpunten nodig. Een echte stamgast komt op een vaste tijd, vaak tot op de minuut precies. Dat vergemakkelijkt het innemen van de vaste plaats. Het drinken kan beginnen, maar niet door iedereen. Fijnproevers wachten tot het echte borreluur heeft geslagen. Vijf uur. Het uitstellen van het genot is, weten zij, een verfijnd genoegen.

Maar welke vijf uur? In een ouderwets café staat de klok tien minuten voor. Geen negen of elf, maar tien. Tegen vijven haalde mijn opa hiertoe zijn zakhorloge tevoorschijn, dat in het donker van zijn vestzak de tijd registreerde die men buiten het café voor de werkelijkheid houdt. Maar als bezoeker moet je je door de caféklok laten bedotten, anders heb je er niets aan. De kastelein doet je tien minuten extra gezelligheid cadeau – zo'n geschenk mag je niet afslaan.

Geruime tijd na het borreluur volgt het tweede ijkpunt: sluitingstijd. Ook daar dient punctueel de hand aan te worden gehouden. Dan kun je er, zoals dat heet, op drinken en heb je bij het sluiten precies de gewenste hersenverweking bereikt. Er wordt 'de hoogste tijd' geroepen, 'ein letztes Glas im Stehen' aangeheven. De oude Ries gaf in De Knip iedereen een 'lutste', Philip de Oude, ex-bokser, telde na de laatste ronde in de gelijknamige nachtzaak zijn glazen na en begon bij het minste tekort zijn vrouw te slaan. De pret is over. De stam valt uiteen. De innig aangehaalde banden moeten weer gelost, wie zich een vlinder was gaan wanen zoekt aan de kapstok naar zijn pophuid om weer rups te worden. Het is mooi geweest.

Soms wil je meer dan mooi en droom je van een wereld zonder sluitingstijd. Maar er staan wetten in de weg en praktische bezwaren. Soms heft een stad als Haarlem of Groningen de sluitingstijd daadwerkelijk op in de hoop dat de overlast van uitgaande cafés iets wordt gespreid. Maar een café zonder sluitingstijd, dat drinkt niet lekker. Er moet een doel zijn.

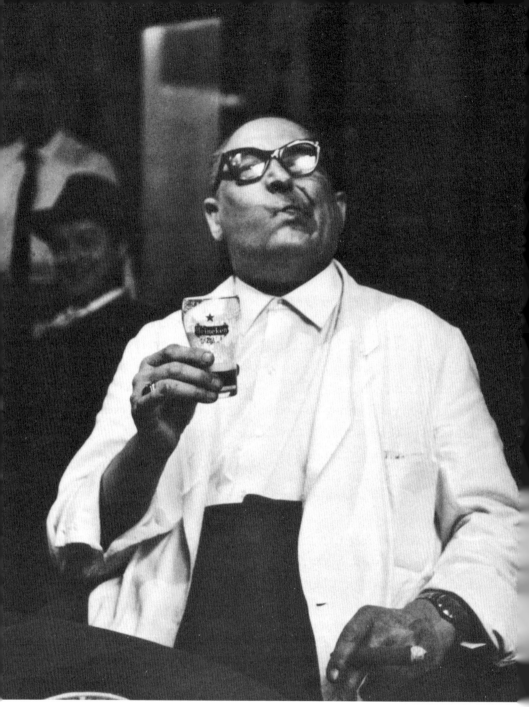

Kroegbaas Piet de Leeuw was ook paardenslager.
Noorderstraat, Amsterdam.

4

De drank

Drank schept een band. Op deze regel is het café gegrond-
vest. Op een droogje hoor je er niet bij; je dient er een glas
binnen handbereik te hebben. Je drankje is je alibi. Hiermee
toon je je bereidheid en is je aanwezigheid verklaard. Het
vormt zelfs een deel van je identiteit en vervangt je als je zelf
verstek laat gaan. Moet je even naar de Dames of de Heren,
dan houdt je glas op de bar je kruk bezet.

'Zit daar iemand?' vraagt men aan de man op de kruk
naast de jouwe.

'Ja, dat ziet u toch,' antwoordt hij en wijst van de lege kruk
naar het volle glas.

Waar je glas is daar ben jij. Zonder ben je nergens. Liefst
heb je het in je hand. Dat schept zelfvertrouwen door middel
van het wandelstokeffect. Op zichzelf biedt een wandelstok
nauwelijks steun – vandaar de populariteit van de rollator –
maar hij geeft je houvast, ongeveer zoals een passagier in een
neerstortend vliegtuig een minimum aan zekerheid ontleent
aan de stoelleuning waar hij zich aan vastklauwt. Je zou eigenlijk een extra hand moeten hebben om een glas mee te
omklemmen, zoals inktvissen in de wirwar van tentakels één

heterocotylus-arm reserveren om hun sperma aan een partner te overhandigen.

Bij binnenkomst, nog zonder glas, is de cafébezoeker op zijn kwetsbaarst. Hoe moet hij zich een houding geven? Frunniken aan een telefoon of sigarettenpakje biedt weinig soelaas. Halverwege de metamorfose van voorbijganger naar caféganger, tussen twee vervellingen in, glasloos, is een mens in het café zo illegaal als een visser zonder hengel, een vogelaar zonder kijker, een agent zonder penning. Een indringer. Gejaagd zoeken je ogen die van de kastelein om het glas te bestellen dat je je legitimiteit moet verlenen. Maar die laat zich niet jagen. Jouw lot ligt in zijn handen en dat bevalt hem wel.

Een glas! En gauw! En vol! En liever niet met water, van alle verkrijgbare vloeistoffen het laagst in rang volgens nathalzen als Ger Schuurman:

Het was Ger Schuurman van *Het Vrije Volk* die in de late uurtjes café De Sleutel binnenkwam en de avond duidelijk niet in geheelonthouding had doorgebracht. Hij bestelde een consumptie, waarop een barman zei: 'Nou Ger, zou je niet eerst een glaasje water nemen?' Ger draaide zich verbaasd en verontwaardigd om en sprak de onsterfelijke woorden: 'Water? Alleen de lucht al!'

Eenmaal aan de metamorfose tot cafébezoeker begonnen, wil menigeen de gedaanteverwisseling liefst doorzetten tot hij zich van een rups een vlinder voelt. Dat gaat niet met water. Echte rupsen doen het met hormonen. Mensen met alcohol. Chemisch is dat een veel eenvoudiger stof, maar even natuurlijk van aard. Lang voor de mens op aarde kwam was

De bocht van de Amsterdamse Zeedijk vol bekoring.

er al volop alcohol verkrijgbaar. Voor alcohol heb je gisten nodig en die bestaan meer dan honderd miljoen jaar.

Gisten zijn microscopische schimmels. Ze leven van suiker. Daar blijven water en koolzuurgas van over. Met het koolzuurgas blaast bakkersgist de gaatjes in het brood, zodat het luchtig wordt. In het café doet koolzuurgas de limonade prikken en het bier schuimen. Heeft de gist te weinig zuurstof om de rest van de suiker in water om te zetten, dan plast hij alcohol in plaats daarvan. In de natuur gebeurt dat vooral met de suikers in overrot fruit of honing. Hoe meer suiker en hoe minder zuurstof, des te hoger loopt het alcoholgehalte op. Op een gegeven moment is het sap zo sterk dat de gisten in hun eigen pis omkomen. Het klinkt onlogisch, deze onsmakelijke zelfmoord. De gisten offeren zich heus niet voor ons op. Waarschijnlijk beschermen ze zich met hun alcohol tegen vijandige bacteriën, die een veel dunnere celwand hebben en daardoor nog veel slechter tegen alcohol kunnen. De gisten zelf geven er bij 15 procent de brui aan. Meer valt er toch niet uit een vrucht te halen want dan is de suiker op. Het meest zit er in druiven, die door de gisten in wijn worden omgezet. Daarop dreven de grote beschavingen rondom de Middellandse Zee. Ten noorden daarvan dreigde men op een droogje te moeten blijven zitten. Voor druiven is het er te koud en de suikers van de plaatselijke gewassen lusten de gisten niet. In plaats van vruchtensuikers bevat graan zetmeel, dat voor de gist in stukken moet worden gebroken. Dat gebeurt tijdens het mouten. Het eindresultaat is geen wijn maar bier. Eeuwenlang is Europa zo gescheiden in een bier- en een wijncultuur, met een heel eigen type cafés, die van het bier naar binnen gericht, donker, die van de wijn naar buiten, lichter. Inmiddels wordt er in het noorden ook wijn gedronken en in het zuiden bier. Maar het blijft wennen.

In één opzicht maakt het ook niet veel uit. Sterker dan een rotte vrucht wordt bier of wijn nooit. Van straffer maatregelen is de natuur niet gediend. Hier biedt alleen de zwarte kunst der alchemisten uitkomst. Destilleren. Als er niet meer alcohol bij kan moet je het water eruit jagen. Verdamp het.

Van destilleren wordt drank sterk. Dat is handig als je zelf zwak bent. In mijn studententijd al had ik moeite de vele kratten bier die voor een gedegen studie nodig werden geacht naar vierhoog te sjouwen. Enig rekenen leerde dat er in zo'n krat evenveel alcohol zat als in een fles jenever. Voortaan vloog ik fluitend met mijn fles de trap op. Aan dit principe was de opgang van de jenever eeuwen eerder te danken. Had de Verenigde Oost-Indische Compagnie bier of wijn meegenomen op haar verre reizen dan had ze niet zo'n succes gehad. Jenever neemt minder plaats in, bederft niet en is goed te doseren. Brouwerijen maakten plaats voor stokerijen.

In de stokerij wordt zwakke drank verhit. De alcohol verdampt eerder dan het water. Koel je de damp gaandeweg af, dan kun je de twee achtereenvolgend gescheiden opvangen. Onzuiverheden tap je af en gooi je weg. Berucht is de methanol, waar je blind van wordt. Op het zoölogisch museum waar ik werkte kwam eens per jaar de methanolman namens de belastingdienst. Die vermengde het sterke water waarin de verzameling bewaard werd met methanol om te voorkomen dat wij wetenschappers er accijnsvrij van zouden drinken. Mijn voorgangers was dat nog gelukt; tussen de zoölogische musea van heel de wereld werden met Kerstmis recepten uitgewisseld voor de lekkerste drankjes die je van de museumalcohol kon maken. Dit deden ze met het beetje alcohol dat uit de vaten werd gehaald om door methanol vervangen te worden. Maar zelfs die snoepliters werden ons later door de accijnsbeambte niet meer gegund.

Brand wijn en je krijgt brandewijn. Heb je geen wijn of druiven dan kan het ook met graan. Maal het gedeeltelijk ontkiemde graan, breek het zetmeel in heet water af, doe er gist bij en laat het beslag een paar dagen pruttelen. Destilleer het drie keer en je krijgt een wijn van 46,5 procent waaraan geen druif te pas is gekomen: de moutwijn. Verdun die een beetje, doe er smaakstoffen bij en je hebt jenever of een andere sterke drank. De reis naar Indië kan beginnen.

Toch zag je in de grote havensteden weinig stokerijen. Die waren veel te bang voor brand. Bovendien werd het afval gevoerd aan de varkens, die met z'n allen een enorme stank verspreidden. Laat Weesp maar afbranden, dachten ze in Amsterdam, laat Schiedam maar stikken in de varkens, vond Rotterdam. Beide stadjes waren van veraf te herkennen aan de stank en aan de molens: vijftien à dertig voor de jenever, drie of vier voor het brood. Weesp liet de zaak verslonzen en liet Amsterdam het stoken van likeuren, Schiedam groeide uit tot de jeneverstad, waar rijke stokers hun zakken vulden en de arbeiders wegkwijnden in zwartberoete krottenwijken. Hun dominee, François HaverSchmidt, zette de toestand op rijm:

Een kijkje in uw oud Schiedam
Och wil het niet gansch vergeten!
Gij hebt er toch zeker ook menig uur
Van waar genot gesleten.

Hier mengt de gist haar zoetige walm
Met zure spoelingsdampen,
Wijl mestossenstal en beschadigde gerst
Om den prijs van uw reukorgaan kampen.

En voeg daar nu de wasems bij,
Die er onophoudelijk stijgen
Uit glasblazerij en kaarsenfabriek,
Dan: genoeg zoudt ge er haast van krijgen.

Gelukkig maar dat de boventoon
In het koor van al deze stanken
Toch altoos blijft en blijven zal
Aan den edelsten aller dranken.

Den drank, die van ons Hollandsch volk,
Het nakroost van stoere reuzen,
Nog eenmaal, zegt men, een bende maakt
Van louter jeneverreuzen.

Je kunt ook zelf stoken. Het mag niet maar het kan wel. En soms moet het. Omdat de Amerikaanse regering je heeft drooggelegd of omdat je de Scandinavische accijns niet kunt betalen of omdat je een Frans boertje bent en niet beter weet. In alle gevallen heb je een ketel nodig, een gistvat, een waterslot, een hevel, een alcoholmeter, een maatglas, bekers, trechters, filters, zeven en een dosis handig- en onverschrokkenheid. Wat je eraan overhoudt is een beetje drank en de indruk van een hoop gedoe. Met dat laatste bevindt u zich in goed gezelschap: professionals denken er net zo over. Eind negentiende eeuw hielden de stokers hun ketels voor gezien, mouters zeulden geen gerst meer naar hun zolders. De moderne tijd was uitgebroken. Ketels werden verruild voor kolommen. Hierin wordt de alcohol met hete stoom uit zoete pulp getrokken, net zoals je in een raffinaderij de benzine uit ruwe aardolie destilleert. In plaats van drie keer wordt er continu gewerkt, waardoor het alcoholgehalte tot bijna ab soluut kan stijgen. Als grondstof voor deze industriële alcohol kun je allerlei landbouwafval gebruiken. Wat zijn koe niet eens lust daar drinkt de boer zijn borreltje van. Op zichzelf is daar niks mis mee. Aan honderd procent zuivere alcohol is niet te zien of hij uit met liefde gestookte granen of uit suikerhoudend industrieafval gemaakt is. De doorsnee jeneverdrinker maakt het niet uit. Waarom zou je kostelijke jenever jaren in een eikenhouten vat opsluiten als je hem ook gewoon meteen op kunt drinken? Hem is het om de uitwerking te doen en die is dik in orde. Toch laat hij het afweten. Profiteerde hij een eeuw geleden nog naar hartenlust van de goedkope fabrieksjenever, tegenwoordig laat hij zijn borreltje staan voor een goed glas wijn of mooie whisky. Jeneverfabrikanten zijn ten einde raad. Uit wanhoop proberen ze hun product zo veel mogelijk op wijn of whisky te laten lijken: in allerlei smaken, streekgebonden, met de voet geplet of met de hand gestookt. Eerst maakten ze de mensen wijs dat hun jenever net als vroeger was, toen importeerden ze heuse moutwijn uit België en in Weesp maakt Het Anker weer echte windgemalen, handgemoute, driedubbel overgehaalde jenever als drie eeuwen tevoor. Maar beslist niet voor dezelfde prijs. Je gaat er failliet aan voor je dronken bent. Maar dat is ook niet de bedoeling. Het gaat moderne drinkers, net als bij wijn en whisky, om de smaak. Lekker en niet steeds hetzelfde. Je zou dan ook een opleving verwachten van de likeurcultuur, maar likeur is de liefhebber van droge wijnen te zoet. Dat doe je niet. Dus rukken ze op, zelfs in de kroeg, de rare jenevers uit de rare flessen voor de rare prijzen. Zou zo'n Rutte, Van Wees of Zuidam werkelijk beter smaken?

Laatst zat ik voor een krant in een jeneverproeverij. Drie van de vier proevers waren vooral uitgenodigd uit respect voor de hoeveelheid jenever die ze in hun leven al naar binnen hadden weten te werken, de vierde was eigenlijk een wijnkenner. Zelden zag ik iemand zoiets doms doen: hij rook eraan. Dat moet je niet doen met jenever. Dat doe je toch ook niet met een hardgekookt ei? Dat jenever en gekookte eieren vies ruiken en toch lekker smaken komt door de manier van ruiken tijdens het eten: niet buitenom door de neusgaten, maar binnendoor via de keel. Maar leg dat een wijnkenner eens uit. Zulke lui houden vol dat het om bouquet en afdronk gaat; over alcohol hoor je ze nooit. Overigens was onze wijnkenner het met ons unaniem eindoordeel eens. De winnaar was zo rechttoe rechtaan als jenever maar kan zijn. Hartevelt.

Als alles toch om de uitwerking draait wordt het genot louter bepaald door de hoeveelheid alcohol. Klant, al enigszins beschonken: 'Geef mij maar een dubbele.' Barman: 'Een dubbele wat?' Klant: 'Doe maar een dubbele, eh... alcohol.' Biefstuk gaat per ons, touw per meter en genot per liter, of dat genot nu uit jenever, uit bier of uit whisky stamt. Alleen het percentage geldt. Maar welk? Op de fles staan meestal volumeprocenten. Een literfles van 35 procent bevat 35 procent alcohol en 65 procent water. Het effect van alcohol wordt echter gemeten in gewichtsprocenten. Omdat een liter alcohol slechts 80 procent weegt van een liter water blijven van 35 volumeprocenten maar 0,80 35 = 28 gram over. En dan heb je nog de 'proof' uit Engeland en Amerika. Ooit was 'proof' de sterkte waarbij je een drank met behulp van een standaard hoeveelheid buskruit nog net aan kon steken. Honderd procent proof is een drank in Engeland bij 57 volumeprocent alcohol, in Amerika bij 50 procent. Verwarrend.

Gelukkig heeft elke vloeistof de eigenschap om zich aan de vorm van zijn glas aan te passen. In principe zijn alle caféglazen zo bemeten dat er altijd 10 gram alcohol in gaat, of je nu bier, wijn of jenever drinkt. Huisartsen en verslavingsdeskundigen gebruiken hier de dorstdodende uitdrukking 'eenheid' voor. Als wraak bestellen onverbeterlijke innemers een kopstoot in de hoop dat 1 bier plus 1 jenever meer dan 2 is, maar daar trekken de wiskundige en scheikundige wetten zich niets van aan. Hooguit werkt een kopstoot sneller.

Voor een fluitketel (fluitje bier plus Ketel 1 jenever) of een duikboot (jenever in het bier gekieperd) wijken de natuurwetten evenmin.

Kopstoot en sigaar. Roermond.

Met zulke eenheidsmaten zou het gemakkelijk moeten zijn niet te weinig maar ook niet te veel te drinken. Helaas wordt het ijkwezen door het drinken verstoord. Van drinken krijg je dorst. De mens is een geboren nathals. Als een dolgedraaide thermostaat die de kachel hoger zet naarmate het warmer wordt versterkt de alcohol met elke slok de behoefte aan de volgende. Al is alcohol zelf vochtig, toch onttrekt hij meer vocht aan het lichaam dan hij eraan toevoegt, zodat het lichaam om meer vocht gaat jengelen. Om deze vicieuze cirkel te doorbreken heeft men de sluitingstijd uitgevonden. Lang nadat restaurantbezoekers bevredigd naar huis zijn, moeten cafébezoekers er met aandrang worden uitgezet. Eenmaal thuis, in bed, gaat de vochtonttrekking nog geruime tijd door, zodat de drinker met een tong als een leren lap wakker wordt. Dorst!

Het ene drankje haalt het andere uit, mede door de aardigheid om af en toe een nieuwe fles te openen. De feestelijkheid van champagne bijvoorbeeld berust grotendeels op het knallen van de kurk. Persoonlijk hou ik toch meer van het kleine plofje waarmee je de dop van een flesje bier wipt, net of je het flesje er een lol mee doet. De indruk dat het flesje schik heeft wordt nog versterkt door het pluimpje rook dat even uit de hals opkringelt, als een zojuist gebruikt vuurwapen. Door de plotselinge drukverlaging is de temperatuur in de hals zo sterk en plots gedaald dat de damp bevriest. Eindelijk een kunstje dat ik ook kan.

Hoeveel mensen heb ik het café wel niet binnen zien gaan met de vastberaden blik van iemand die zijn taks kent? Het is de vastberadenheid van iemand die een onmogelijke taak op zich heeft genomen. Matig drinken is drinken met de rem erop terwijl je nu juist drinkt om de remmen even los te laten.

Remmen terwijl je gas geeft is vragen om ongelukken. Een mens is als de dood dat hij te weinig krijgt maar dood ga je alleen aan een teveel. Wat drinkt een mens eigenlijk? Gemiddeld over alle volwassen Nederlanders negenhonderd glazen per jaar. Dat is al jaren zo.

Wat doet al die alcohol met een mens? Bij uitwendig gebruik weinig. Inwendig daarentegen verandert een mens meer van een halve liter jenever dan van honderdduizend jaar evolutie. Met elk glas zet hij een grote stap terug in het verleden en breekt de oermens door het dunne vel naar buiten. Dat is niet alleen voor biologen aardig om te zien. Stap eens in een tijdmachine. Ga eens naar het café. Als waarnemer ditmaal.

Men neme een café naar keuze. Nestel u op een comfortabele uitkijkpost. Een barkruk in het hoekje is afdoende; als je niets zegt zijn ze je binnen vijf minuten vergeten. Hou je aan de spa. Kijk, daar doet al iemand een bestelling. Het spektakel kan beginnen. Van buiten blijft het bij de eerste slok bij een licht knijpen van de ogen en een nauwelijks hoorbaar zuchtje, kon je ook van binnen kijken dan zag je de alcohol zonder dralen aan de slag. Als voorproefje wordt meteen in de maag al een vijfde deel van de alcohol in het bloed opgenomen. Eén forse hartslag en het is bij de hersenen. De meeste stoffen worden hier bij de bloedhersenbarrière tegengehouden, maar de kleine alcoholmoleculen slippen er moeiteloos door. Nu blijkt wat voor toverdrank het is. Alcohol lost niet alleen gretig op in het water van het bloed, maar ook in het vet rondom de hersencellen, om de vrije wil uit te schakelen en de macht over te nemen. Een half uurtje later is ook de hoofdmacht na een omtrekkende beweging via de darm gearriveerd. De omgekeerde evolutie krijgt de gang erin. Het snelst gaat het met sterke drank om de eenvoudige reden dat het concentratieverschil tussen drank en bloed – het verval – het grootst is. Toch zijn halfsterke drankjes zoals gin-tonic het geniepigst. De maagwand vindt dit slappe spul niet de moeite waard om zich met extra slijm te beschermen en de maagportier laat de uitgang naar de darm wijd openstaan.

De drinker begint zichtbaar te veranderen. Hij voelt zich meer en meer een leeuw, terwijl hij in uw waarnemersogen juist op een aardvarken begint te lijken. Hij ervaart de alcohol als een stimulans. Toch is het juist een verdovingsmiddel. Het geheim schuilt in de plaatselijke werking. Het eerst verdooft de alcohol de delen van de hersenen die het laatst in de evolutie zijn ontstaan: de frontale lob, de trots van de mens waaraan hij zijn epitheton *sapiens*, de wetende, ontleent. Behalve de rede zetelen hier de remmingen die in het maatschappelijk verkeer zo goed van pas komen. Bevrijd van remmen zoeft de drinker als een kind op zijn sleetje bergafwaarts. Je ziet hem opleven, hij spreekt onbekenden aan als oude vrienden en valt de barman lastig met observaties over het weer. De barman slikt en schenkt.

Blijf kijken hoe een drinker met zijn drank vervloeit. Hij is nu nog redelijk verstaanbaar, maar waren het tot nu toe veronderstellingen die hij opperde, hij grossiert nu in zekerheden. Waaraan de wereld ten onder zal gaan en wie bij het ballen kampioen wordt. Omdat het gezelschap gelijkop meedrinkt heeft iedereen het erg naar de zin. Daar moet op gedronken worden. Het verdere verloop hangt enigszins van het type café af. In De Doffer (Amsterdam) begint nu het lastigvallen van de dames door de heren, gevolgd door het stadium waarin sommige dames dat niet meer zo erg vinden. Bij het biljarten in De Bijenkorf (Laren) nemen de scores af en wordt om tien over rood geroepen, zo niet iets ergers met telefoonboeken en bekers op het laken waar later

Aan de bar van een Zeeuws café in de jaren zestig.

ruzie over de spelregels om ontstaat. Moppen worden voor de tweede keer verteld omdat men de ander voor nieuw gezelschap aanziet. De alcohol heeft zich in de geheugencentra genesteld. Van angst hebben die nog nooit gehoord. Het is de hoogste tijd om iemand eens de waarheid te zeggen vinden ze, maar van de waarheid blijkt niemand, beschonken of nuchter, gediend. Een handgemeen dreigt. De gezelligheid is om te snijden. Als waarnemer vraag je je af of je zelf ook zo zou zijn als je het niet bij spa had gehouden. Het antwoord is ja.

Het punt van verdrinken waarop de frontale lob zich inmiddels bevindt is het best samengevat in een tekst op de wc van het Amsterdamse café De Tap: 'Ik ben niet zo denkt als je dronken dat ik ben'. Tijd voor de alcohol om door te dringen tot lagere, maar daarom niet minder onontbeerlijke hersendelen waar functies zoals de ademhaling en voortbeweging zetelen. Deze beginnen haperingen te vertonen. Nuchter kun je die niet eens goed nadoen, zelfs als nadoen je vak is. Wil je een toneelspeler door de mand zien vallen, laat hem dan spelen dat hij dronken is. Dat lijkt nergens op. Hoe meer de acteur zijn best doet om zich minder gecoördineerd te bewegen, des te dieper valt hij door zijn mand. Zo zijn dronken mensen niet. Die proberen juist te doen of er niets aan de hand is. Om te spelen dat je dronken bent moet je doen alsof je een dronkaard bent die doet of hij níét dronken is. Minder acteren en meer drinken, dat is wel vaker het beste.

Wat slechte acteurs die goede dronkenlappen spelen ook doen, is hikken. Fout. In het echt, zo hebben jaren veldwerk me geleerd, hikken dronkenlappen zelden. Daar hebben ze geen tijd voor. Ze zijn zo druk in de weer met mensen lastigvallen, onzin uitkramen en van hun kruk vallen dat ze aan hikken heel niet toekomen. Waarom doet hikken dan toch zo aan drinken denken? Omdat je allebei ervaart als iets wat je niet zelf doet. U en ik, wij zijn van onszelf niet zulke drinkers. Als het aan onszelf lag, hielden we het bij een glaasje voor de gezelligheid. Maar we zijn niet alleen. In elk mens woont een beest en dat beest lust er wel pap van. Als wij allang genoeg hebben blijft ons beest met zijn lagere hersendelen aan het bestellen. Maar zo veel dorst als het heeft, zo slecht kan het tegen de drank. Terwijl wijzelf toch wel iets kunnen hebben, dachten we, wordt het beest lam, het begint uit onze mond te stinken en als je goed luistert kun je het horen. Het rommelt, het knort en soms hikt het zelfs even. Je schaamt je dood voor je beest zoals voor je hond die een plasje op het kleed van je gastheer heeft gedaan.

Maat houden is alleen voor de grote drinkers weggelegd. Hun beest valt op tijd in slaap of ligt maar wat te soezen. 'De hele week drinken vind ik geen punt,' zei tekenaar Peter van Straaten, een begenadigd innemer, 'maar het komt er niet van.'

Hoeveel kan uw beest hebben? Dat hangt ervan af. In grote mensen wonen grote beesten en die kunnen er goed tegen want vergiftiging gaat ook bij alcohol in doses per kilo lichaamsgewicht. Erfelijkheid speelt ook mee. Heb je toevallig een X-chromosoom te veel dan ben je een vrouw en kun je er minder goed tegen. Veel Aziaten zijn al na twee glaasjes lam omdat ze de genen missen voor het enzym dat het afvalproduct van alcohol – acetaldehyde – afbreekt in de lever. Door de overmaat aan dit afval worden veel Oost-Aziaten onwel voordat ze dronken kunnen worden. Europeanen breken hun alcohol beter af. Sommige kunnen daardoor heel wat hebben, maar de vraag is of ze daar blij mee moeten zijn. Wie goed tegen alcohol kan heeft er veel van nodig om het gewenste effect te bereiken, wat ten koste gaat van de portemonnee en vooral ook van de lever. De levercellen verharden tot ze ook hun gewone werk af laten weten. Dat overkwam mijn buurman, als kastelein van De Natte Krant naar eigen zeggen abt van de Broeders van de natte gemeente. Hij had zijn lever willens en wetens aan flarden gezopen. Desondanks kreeg hij een levertransplantatie. Maar die hield niet. Zieker en zieker werd hij. Maar hij bleef de gevatte kastelein.

'Nou, tot dinsdag dan,' zei de arts die de euthanasie zou verrichten. 'Dinsdag?' zei Harry Bessems toen. 'Dinsdag? Nee, dan kan ik niet.'

Alles wat goed smaakt is slecht en alles wat slecht smaakt is goed. Of zo lijkt het. Er ging laatst dan ook een zucht van verlichting door de wereld bij het nieuws dat een wijntje best mocht. Behulpzame onderzoekers was het opgevallen dat notoire drinkers zoals Fransen en Italianen ouder worden dan hun geheelonthoudende evenknieën elders in Europa. Vooral rode wijn zou levensverlengend werken. Van drank kreeg je soepele bloedvaten en dat was goed tegen hart- en vaatziekten. Te veel is nooit goed natuurlijk, maar drie glaasjes per dag hielden de dood van de deur. Inmiddels is het goede bericht weer ingetrokken. Alcohol is slechter voor je lever dan dat het goed is voor je vaten. Voor jonge vrouwen is er al helemaal weinig winst te behalen. Die lopen betrekkelijk groot risico aan borstkanker te sterven voor ze aan een hartkwaal toekomen. Alleen oude mannetjes behouden vooralsnog hun voordeel: die kunnen wel wat extra bescherming van hun hart gebruiken en hebben weinig kans op borstkanker.

Aan één kwaal ontkomt vrijwel geen drinker: de kater. In één nacht tijd moet heel de teruggedraaide evolutie weer honderdduizend jaar, maar nu weer héén, worden doorlopen en daar krijg je pijn van in je kop. Je tong voelt als een leren lap. Heel je lichaam is ontregeld door gebrek aan water. Net of het niet meer past. En dat zul je weten. Water helpt om al wat je er onder invloed van alcohol te veel hebt uitgeplast weer aan te drinken. Water drinken vóór het slapengaan was nog beter geweest. Maar tekort aan water is niet de enige oorzaak van een kater. Er zit nog veel alcohol in je lijf. De lever kan maar één glas bier, wijn of jenever per uur wegwerken; ga je na een avond lang stappen 's ochtends vroeg autorijden dan heeft de politie alle reden om je te laten blazen. En de alcohol is het ergste nog niet voor je kater. Terwijl je 's nachts van aapmens naar mens terug probeerde te evolueren verandert menigeen van Europeaan in Aziaat. Het acetaldehyde waar veel Aziaten meteen last van krijgen hoopt zich bij Europeanen en Afrikanen geleidelijk op. Au. Maar tegengif bestaat niet, alle huismiddeltjes ten spijt. Alleen de tijd heelt deze wonde. Omstreeks borreluur zal het wel over zijn. Tijd om weer naar het café te gaan. Niet voor de drank natuurlijk. Alleen om te vragen of je het gisteren naar je zin hebt gehad.

Journalistencafé Scheltema aan de Amsterdamse Fleet Street
van weleer.

5

De schemer

Genot komt niet uit een glaasje – al helpt het wel. Genieten moet je zelf doen. Met je zintuigen. 'Zintuigen,' schreef Dick Hillenius, 'zijn de voetjes van de ziel.' Op die voetjes tast je de wereld af. Soms voorzichtig, alleen de grote teen erin, dan opeens gulzig, tot aan het kruis. Zo kan de ziel daarbinnen meegenieten van al wat er in de buitenwereld gaande is. Alle genot is ooit via oog, oor, reuk, tast of smaak binnengekomen. Je zintuigen zijn het ware middel tot genot. Je hoeft ze alleen maar te prikkelen.

'Waartoe heb ik mijn zinnen als ze niet geprikkeld mogen worden?' wierp J.B. Charles de zedenmeesters tegen. Dat ging over seks, maar geldt ook voor drank. Borsten, billen, bier, jenever, Mozart en de Stones kietelen je zinnen naar genoegen. Maar het moet wel bij kietelen blijven. Het loopt gauw uit de hand. En er bestaan ook akelige prikkels. De hele dag word je bestookt met het mooie en het lelijke, het zoete en het zure. Je krijgt medelijden met de ziel die al die prikkels moet verwerken. Hoor je in de biologieles de lof zingen van de scherpte van onze zintuigen, je zou je ook kunnen verheugen in alles wat we niet horen, zien of ruiken. Alle navigatiekreetjes van alle vleermuizen, het nachtenlang geritsel van het bronstig bos, de liefdesluchtjes van de muskusrat, ze blijven ons bespaard en ook onszelf horen, zien of ruiken we niet zo. Niet alleen de spijsvertering sopt en reutelt, ook ademhaling en bloedsomloop gaan met onheilspellende geluiden gepaard. Hoe is het mogelijk dat onze oren, diep in ons rotsbeen ingebed, daar niets van horen? Dat is te danken aan de Schepper, die ons voor een keer genadig is geweest. Onze oren zijn zo gebouwd dat ze voor de lage tonen van ons binnenste niet gevoelig zijn. Bovendien zijn de bloedvaten zo omgeleid dat ons het hels gebonk van de polsslag bespaard blijft. En ook de geurtjes waarmee onze seksuele opwinding gepaard gaat, zijn voor onze neuzen zo onmerkbaar dat het verblijf in een discotheek best prettig zou zijn als er niet zo'n kolereherrie werd geproduceerd. Jammer is alleen dat de Schepper onze zintuigen niet meer heeft leren censureren op prikkels van na Zijn tijd. Wat zou het heerlijk zijn om ogen te hebben die geen Zuidas kunnen zien, oren die nog nooit van Marco Borsato hebben gehoord, een neus die ongevoelig is voor aftershave!

Horen en zien vergaan je menigmaal. Kon je je zintuigen maar wat zachter zetten. Je ogen dimmen, je ziel op een spaarvlam, zijn voetjes dikke sokken aan. Als het leven pijn begint te doen is een verdoving het overwegen waard. Kun je de wereld niet zachter zetten, bedwelm dan je zinnen. Plaatselijk. In het café. Een licht roesje volstaat om de schelle wereld te omfloersen tot een schemeroord. Alsof je zinnen in een warm bad worden gewiegd. Een privésanatorium met volledige vergunning. In de schemer van het borreluur verzachten de contouren, gesprekken verliezen hun dwang, alles wordt sepia. We zijn nog lang niet thuis. Het wordt nog lang geen licht. Godzijdank.

Nergens ter wereld gaat de zon zo mooi onder als in Hesp,
aan de Amstel.

'Daar zij licht!' zei God, 'en daar werd licht.' Zo begint de Bijbel. En het gelazer. Het licht werd onze eerste verslaving, aanbeden alsof het God zelf was. Indianen droegen hem mensenoffers op, filosofen zagen het voor inzicht aan, architecten verjoegen het laatste restje duisternis dat zich in onze huizen schuil had weten te houden. Buiten stralen lantaarns de nacht aan flarden. De ene helft van de wereld wordt opgestookt om de andere te verlichten. Mensen zijn, meer nog dan aan drank, aan licht verslaafd. Meer zelfs dan aan voedsel dreigt de mens zich aan licht te overeten. Na obesitas wordt overbelichting de nieuwe plaag.

Het effect is bekend van de fotografie. Van te veel licht wordt een foto niet helderder maar waziger. Waar alles licht is zie je niets meer. Er moet donker bij. Als het goed is wordt dat donker door het licht zelf geleverd; de belangrijkste functie van licht is om schaduwen te werpen. Nergens is dat

mooier te zien dan in café Hesp. Het interieur is er door geld-
zucht en de eisen van de tijd flink aangetast, maar het lage
licht van de zon over de Amstel tot achter in de pijpenla blijft
betoverend. Vanwege de lange schaduwen.

'Zoek het licht,' riep mijn regisseur Jop Pannekoek me
steeds weer toe tijdens tv-opnamen. Braaf liep ik het licht in
zodat hij mijn schaduwen kon filmen. Een wereld zonder
schaduw is een wereld zonder perspectief. Niet het licht
maar de schaduw geeft de dingen hun vorm. Wil je iets ver-
duidelijken dan moet je er geen licht maar schaduw op werpen. Bij licht kun je de nuance beter zien, schaduw ís de nuance. Weldadig is in dit opzicht café Papeneiland. Dankzij de
prachtige hoge ramen, bedoeld om achter in het pand nog
iets te zien, worden de schaduwen tot in de verste uithoeken
geworpen. Frisse jongelui, blindgeslagen in eigentijdse door-
zoncafés, weten niet wat ze zien: licht op mensensterkte.
Schemer.

De mens is een schemerdier. Zou je hem in een tuincentrum
kunnen kopen dan stond er ongetwijfeld 'halfschaduw' op
zijn etiket. Alleen architecten menen dat een mens in de volle
zon gedijt. Biologen weten beter: zoogdieren zijn zelden op
klaarlichte dag actief. De oermens dook op de savanne al de
schaduw in en het eerste wat de moderne mens bedacht nadat
hij de lamp had uitgevonden was de schemerlamp. Of hij
koopt een dimmer. Populair zijn lampen van matglas, die een
deel van het licht tegenhouden nog voor het de lamp uit is. In
cafés van de jaren dertig en veertig, zoals De Trechter
(Utrecht), was glas in lood in trek om de klanten tegen het
lamplicht achter de bar te beschermen. Het glas in lood achter in Chris (1624) stamt uit de 21e eeuw. Nel: 'Daar hing
voorheen de prijzenkast van de biljartvereniging. En niemand
die het ziet!' In woonkamers en cafés verspreiden lampen

geen licht maar gezelligheid en gezelligheid is onbetaalbaar. Om nog te zwijgen van slaapkamers. Menig kind is het resultaat van grote liefde en slecht licht. Echte kroeglopers zijn zo lichtschuw als een grottensalamander.

Kroeglopers zijn geen ochtendmensen. De schemer die zij prefereren is die van de zonsondergang. Dan is het volbracht; tijd voor weemoed en melancholie. En twijfel. Die vormt de kern van het Drentse woord voor schemer, 'twiedonker', dat net als het Engelse 'twilight' geen 'tweelicht' betekent, maar twijfellicht. Over de hele wereld overvalt de mensen een gevoel dat voor de avondschemering gereserveerd lijkt. Zelfs de dieren zijn er gevoelig voor. Eugène Marais vergeleek een eeuw geleden al de weemoed van de mensen en de apen op het Afrikaanse platteland. Volgens hem kon je bij de dieren het onderbewustzijn dat bij de mensen door ambitieuze hersendelen is verdrukt open en bloot aan het werk zien. Tegen het vallen van de avond maakte zich 'een hesperische neerslachtigheid' meester van mens en dier. Mij deed het denken aan de 'weemoedigheid' van Willem Elsschot, 'die niemand kan verklaren, en die des avonds komt, wanneer men slapen gaat', Marais meende er de 'ziel van de aap' in te herkennen. Met het ondergaan van de zon, wanneer de schaduwen zich begonnen te verdiepen, veranderde het gebruikelijke tafereel van uitgelaten krijsende, speelse apen. 'Geleidelijk viel er een stilte over hen. En dan kwam van alle kanten het geweeklaag, een geluid dat verder nooit te horen was, behalve ter gelegenheid van groot verdriet – bij dood of afscheid.'

De gematigde streken zijn gezegend. Zelfs midden in de zomer duurt de schemer in Nederland en België nog een uur, terwijl het in de tropen is of iemand het licht plots uitdraait. In de herfst lijkt het de hele dag wel schemer. Reisbureaus doen dan goede zaken met mensen die menen naar zonnige

Het schemert in en om De Zwart, Spui, Amsterdam.

landen te verlangen om na twee, drie weken in hun eigen schaduwland terug te keren, lekker schemeren. Maar dan flitsen opeens alle lantaarns aan, schijnwerpers zetten stadsmuren en torens na eeuwen nacht in lichterlaaie, lampjes aan de Magere Brug lokken toeristen naar buiten en jagen geboren Amsterdammers hun huizen in.

Of hun bruine kroegen. Hier zit je altijd goed. Heb je buiten slechts 25 procent kans, hier is het altijd herfst. Het licht laag, de bar bruin, de lambrisering hoogopgaand, de gordijnen van de entree gesloten voelt elke holbewoner zich thuis. Barmhartig verzacht de schemer er alle contouren tot je alleen nog ziet wat je zien wilt. Natte viltjes en oude tapijtjes zorgen voor de najaarslucht. Natuurlijk, ook de lente heeft aantrekkelijke kanten, maar daar kleeft toch altijd iets kin-

In een overbelichte wereld is het Oranje Bierhuis een oase voor
lichtschuwen. Auckemastraatje, Leeuwarden.

derachtigs aan. Van de lente houden kan iedereen, net als
van honden, die liefdes worden onvoorwaardelijk beant-
woord, maar een gevorderde heeft toch meer baat bij een
weerbarstiger seizoen, dat veroverd wil worden door de echte liefhebber, die er niet opuit maar juist eropin wil. Heerlijk
herfstig om de stamtafel van De Veehandel (Spanga) zitten
terwijl de voorjaarszon de dagjesmensen het Friese veld in
jaagt, of naar de files bij Kaatsheuvel luisteren op het radio-
tje van Müller, alle gordijnen dicht, in het kleine steegje midden in Den Haag, waar je amper je krant kon lezen, zo donker was het. Net de jaren vijftig thuis.

Thuis in de jaren vijftig las je bij die ene lamp boven de tafel. De staande schemerlamp was voor oma gereserveerd, de
lamp op het dressoir was louter voor de sier en de gezelligheid. Dat was nog een zee van licht vergeleken met driekwart
eeuw eerder. Elektrisch licht was binnenshuis nog nergens

doorgedrongen. Alle kunstlicht was van vuur afkomstig. Levend vuur, gevoed door kaarsen, vetpotten, olielantaarns of gaslampen. Gaslampen golden als nieuwlichterij. Tegen het einde van de negentiende eeuw beperkten de rijken de gasverlichting tot vestibules, de woonkamers en de bedienden en de werkvertrekken, terwijl ze hun eigen kamers met ouderwetse, arbeidsintensieve, maar een hoge status bezittende kaarsen en olielampen verlichtten. Voor dit licht waren de meubelen bedoeld en de snuisterijen, het fonkelend gepoetste koper, de schilderijen aan de muur. Niet voor niets is van alle oude Nederlandse kunst *De Nachtwacht* het meest beroemd. Hier is op het schilderij zelf het schaarse licht al artistiek verantwoord. Alsof dit niet genoeg was hangt in menig oud café een reproductie, al dan niet in olieverf, duimendik onder het aangekoekte vuil.

In een buitenwijk van Veenendaal, in de schemer van het opgeklopt vertier uit het centrum, ziet een van al die nachtwachten in een van de laatste echte cafés, 't Huchie, toe op het biljarten, klaverjassen en schutjassen alsof het nooit voorbij zal gaan. Uit dezelfde tijd stamt het tarievenbord waarin met ooit wit gewezen losse plastic letters en cijfers staat aangegeven wat de appelsap en het gedistilleerd kost. Zo is het goed. In Hoppe beging men ooit de fout zo'n duister schilderij, meteen bij de ingang, te laten reinigen. De klanten waren stomverbaasd dat er personen op waren afgebeeld. En boos over de modernisering. Nu moest het bruinroken weer van voor af aan beginnen. Wat denken ze wel. Een café is geen galerie!

Veel oude cafés stammen uit de belle époque van de verlichting. Ze zijn op de schemer gebouwd. Het bruine plafond, de schilderijen aan de muur, het koperwerk komen pas bij ouderwets licht tot leven. Zelfs de klanten verdragen modern licht amper. Hoe lager het licht, hoe beter ze eruitzien;

Voor de vaste jongens is het 's morgens in Het Bolwerk nog te licht.

de alcohol geeft ze zelfs een blosje op de wangen. Slechte kasteleins hebben de gewoonte om de verlichting in de loop van de avond met speciale apparatuur te dimmen; ervaren klanten hebben daar een hekel aan – zij voelen zich gemanipuleerd. Soms zakt het licht zo laag dat klanten in slaap vallen. Zou de kastelein plotseling het grote licht aandoen dan stoven zijn klanten uiteen als kippen in een schuur. Dan was de betovering van de schemer verbroken.

Schemer is betrekkelijk. Overdag lijkt het caféraam een donker gat, 's avonds lokt het schemerlicht je vanuit datzelfde raam aan toe. Tegenwoordig kun je meestal zo naar binnen kijken. Een modern café is zijn eigen etalage. Mijn vader zou daar niets van hebben begrepen. Hij was van de oude stempel. Een fatsoenlijk café moest net als een fatsoenlijke dame de inkijk beperken. Hij had niets tegen een decolleté, integendeel, maar dat geultje tussen die twee bollen moest tijdig ophouden. Je hoeft niet alles te weten. In mijn vaders tijd had een café als het onze, met zo'n groot raam, een half gordijn. Dat hing vanaf de straat bezien net boven ooghoogte, hoog genoeg om verwachtingen te scheppen maar ook niet te hoog, want dat werd verdacht. Wilde je weten wat zich daarbinnen afspeelde dan hoefde je maar op je tenen te gaan staan, maar kon iedereen daarbinnen je zien gluren. Wie wilde spieden moest zich blootgeven. Zo eerlijk ging het eraan toe toen Arie zelf nog de scepter over café Krom zwaaide. Zijn opvolgers hebben heel verdienstelijk het oude interieur in ere gehouden, maar het verhullende gordijn in een zucht naar transparantie letterlijk opgedoekt, zodat de klanten er voor het raam bij zitten als in een bordeel. Het is maar goed dat mijn vader dit niet meer mee heeft hoeven maken.

Het gordijn voor het caféraam was nog maar het begin. Eenmaal binnen werd de transparantie tot in alle hoeken verdrongen door een gordijn van tabaksrook. Deeltjes in de rook verstrooiden het licht alle kanten op, waardoor de resolutie drastisch afnam. Het was alsof je de wereld bekeek door een fijne vitrage of een soft-focuslens. Bevrijd van scherp zicht gaat een welwillend mens ervan uit dat zich achter de voile van de bruid een grote schoonheid schuilhoudt, achter een rookgordijn een grote belofte. De natuur geeft het voorbeeld met mist en nevel. Dat je 's ochtends de gordijnen opentrekt en daarachter houdt een dikke mist alle verrassingen van die dag nog in petto. Wat is er spannender dan dikke mistvlagen boven het Haringvliet, waar lokt de reislust sterker dan in de folders van het tropisch nevelwoud? Zelfs de beruchte Londense mist is bezongen en niet door de minsten. *'There is a grandeur about its smokey fogs,'* schreef Charles Darwin. Schilders kwamen van verre om de mist op het doek te vangen. Een heldere dag was voor Monet in Londen een verloren dag. 'Alles is dood,' schreef hij, 'geen mist, geen inspiratie.' De Clean Air Act van 1956 en 1958 heeft de mist verjaagd, maar niet het verlangen dat ermee gepaard ging. 'We waren het gewoon om in de mist te leven,' schreef Evelyn Waugh in 1941. 'De prachtige, lichtende, getaande misten van onze jeugd. We ontwierpen een stad die bedoeld was om de mist te zien. En dan vindt iemand de elektriciteit uit. De mist trekt op en de wereld ziet ons zoals we zijn. Erger nog: we zien onszelf zoals we echt zijn.' Zonder rookgordijn sta je in je nakie.

In de mantel der liefde ziet de wereld er een stuk vriendelijker uit. Maar hoe hang je een rookgordijn op? Op zomerse avonden lijkt dat geen probleem. Dan hangt er een compacte barbecuewalm over het land die de vergelijking met de Londense *fog* gemakkelijk kan doorstaan. Om die aangebrande worstjes kan het onmogelijk te doen zijn, het gaat onmiskenbaar om een rookoffer zoals dat al in het Oude Testament staat beschreven bij het landen van Noachs ark. Ook toen God Mozes op de berg Sinaï de Tien Geboden overhandigde, 'rookte de gansche berg Sinaï en zijn rook ging op als de rook van eenen oven'. En nog steeds rookt heel de kerk, wanneer het wierookvat wordt gezwaaid om de gebeden naar de hemel te helpen. God en gelovigen zijn in alle eeuwen der eeuwen door rook verbonden.

Is die goddelijke rook de laatste jaren enigszins verzwakt, mensen bewieroken elkaar des te meer. In de popscene.

Rock-'n-roll maakte plaats voor beat, beat voor punk, punk voor metal, haren groeiden aan en af, hanenkammen verdwenen, tattoos verschenen, maar de rook wakkerde alleen maar aan. Voordat het publiek in extase kan raken moet de band met een rookmachine aan het oog worden onttrokken.

In het café was daar tot voor kort geen centrale voorziening voor nodig. In de kortste keren werd het blauw gezet door een batterij van tientallen privérookmachientjes: sigaretten. Bij binnenkomst stootte je bijna je hoofd tegen de mistbanken vol nicotine; met beide armen baande je je een weg door de rook die van muur tot muur klotste. Een gesprekspartner vond je vooral op de tast, wat menige toenadering versnelde. De echte gordijnen hoefden weinig meer te doen; stijfgeslagen door de nicotine hingen ze tegen de dichtgewalmde ramen. Dat vonden we prettig. Thuis, op verjaardagen, probeerde men eenzelfde toestand te bereiken door het ongelimiteerd offreren van sigaretten en sigaren. Asbakken puilden uit. Menig familielid had je na afloop van de visite nog niet te zien gekregen, hooguit te horen. Uit deze tijd herinner ik me ook mijn eerste redactievergaderingen, als jongste reporter van het indertijd roemruchte opinieweekblad *De Nieuwe Linie*, lang voor mijn tijd begonnen als jezuïetentijdschrift maar inmiddels 'zo ver naar links opgeschoven' dat het volgens Martin van Amerongen 'geheel uit het zicht is verdwenen'. Nog voor er op de vergadering een woord was gesproken stak iedereen de brand in zijn rokertje: wij allen zware shag, hoofdredacteur Van den Boomen een forse sigaar. Pas wanneer de lucht de consistentie van erwtensoep had bereikt werd het eerste agendapunt aangesneden. Zonder rookgordijn kon je geen krant maken, daarover was iedere journalist het eens. Het sloot de buitenwereld af, zodat je je op je taak kon concentreren. Na afloop gingen we naar café De Pels om nog wat na te roken. En te drinken. In dikke rookwolken gehuld werd je er geheel op je gezelschap teruggeworpen, wat de saamhorigheid enorm versterkte, al was het maar omdat je allemaal even erg naar teer en nicotine rook.

Zuurstof werd onder deze omstandigheden een schaars artikel. Maar daar zaten we niet mee. Een roker is immers een gevorderd ademhaler. 'Roken is zichtbaar ademen, een teken van leven,' schreef filosofe Désanne van Brederode jaren later nog, 'bevestiging dat je bestaat.' Eindelijk erkenning voor de trouwe inzet van je longen, al die malen per minuut, al die minuten per uur, al die uren per jaar, al die jaren in een mensenleven. Eindelijk zichtbaar resultaat. Duidelijk is nu eens zichtbaar dat de lucht die je elke dag zo gretig inademt is gemaakt van oude uitademingen, uit andermans ingewanden uitgeblazen of opgehoest. Afgewerkte gassen. Geweken levensgeesten. Van mond tot mond gaat de lucht, met of zonder sigarettenrook, van long tot long, van diep in het ene tot diep in het andere lijf, intiemer kan het niet, en dan het volgende en het volgende of het vorige nog eens. Na een uurtje was je met iedereen in het café intiem verbonden. Het gordijn was het bewijs; elke kamer een gaskamer.

Toch zijn het niet de ziektekiemen maar de chemische stoffen in de caférook waar je kanker van kunt krijgen. Daar heeft het ministerie van Volksgezondheid weinig greep op. Knarsetandend zag het zijn rokende onderdanen sterven. Uit nijd dat het de dood niet kon verbieden heeft het inmiddels het roken de wacht aangezegd. Ook in de kleinste kroegjes zijn nu de asbakken van tafel verdwenen. Een verbod met dictatoriale trekjes uit voorbij gewaande tijden. 'Het is geen toeval,' schreef Martin van Amerongen, 'dat despoten als Jacobus I en Adolf Hitler zich met zoveel geloofsijver tegen de rokers hebben gekeerd.' Niet uit bezorgdheid om de volksgezondheid, maar 'omdat roken in diepste wezen een democratische daad is. Rokend en drinkend, samenscholend en debatterend werden alle mensen broeders en dat ziet de doorsnee dictator niet graag.' De Russische tsaar Michail liet rokers de neus afsnijden, de Perzische sjah Abbas I de Grote verminkte ook de lippen. Het hielp allemaal niets. Nee, dan de Turkse sultan Moerad IV. 'Hij sloeg de rokers het hoofd af. Dat hielp!' Maar de behoefte aan roken bleef bestaan. Tot ver na de Tweede Wereldoorlog gold de sigaret als een vanzelfsprekend onderdeel van het leven. Als de mensen ergens naar snakten bij de bevrijding, waren het wel fatsoenlijke sigaretten. Ook de ergste barbaren weigerden de slachtoffers voor het executiebataljon geen laatste sigaret. Niemand haalde het in zijn hoofd naar een film te gaan waarin de hoofdrolspeler niet hartstochtelijk rookte. Natuurlijk zijn de mensen bang voor de dood. Maar dat was nu net de reden om een sigaret op te steken in het café: het rookgordijn is om de dood te misleiden. Als het om de gezondheid te doen was gingen de mensen wel de hei op en niet het café in. Kinderachtig, ja, maar dat is troost wel vaker.

Ongezondheid bestrijden met onverdraagzaamheid, dat is de duivel uitdrijven met Beëlzebub. Nu zelfs terminale patiënten hun laatste troost ontzegd wordt in het ziekenhuis druilen rokende cafégangers als natte reigers voor de deur in de frisse buitenlucht waaraan ze nu juist even geen behoefte hadden. Om het café binnen te komen moet je nu pas echt door een rookgordijn, maar waarom zou je nog? De schemer die ooit lonkte is van zijn bronnen beroofd. Sindsdien doet het Nederlandse café me denken aan de Engelse hoofdstad:

'bedoeld om de mist te zien'. Het rookgordijn afgerukt. In zijn nakie. Een café zonder rook is als een kerk zonder wierook: hij doet 't wel, je kunt wel zonder, maar je mist wat. '*La cigarette est la prière de notre temps*', schreef Annie Leclerc in *Au feu du jour* (1979), niet-wetend hoe ver ze haar tijd vooruit was.

Zelf rook ik allang niet meer. Ik ben niet gek. Maar ik bewaar warme herinneringen aan het draaien van een shaggie: het openen van het pakje, de lucht alleen al, het trekken van de tabaksslierten, het eigenlijke rollen, het likken en dan de fik erin. Nooit was schrijven gemakkelijker dan daarna. En in het pakje vloei zat een plaatje van een vis. Bij de Rizla kreeg je vissenplaatjes voor in je aquariumalbum. Rizla werd gekocht door gewone mensen en gewone mensen hadden een aquarium. Net als ik. Met een shaggie in mijn mondhoek maakte ik de filters schoon. Elke dag genoot ik van de programma's die me door bittervoorns en waterkevers werden voorgeschoteld. Ik zag de dans van het stekelbaarsje, hoe de waterspin zijn duikklok vulde, de zilveren luchtbel aan de buik van de kevers, het dapper voortsnorren van het vuurrode watermijtje. Een waterschorpioen stak me gemeen, mijn vinger tussen zijn scharen. Dichter kun je niet bij de natuur komen. Maar de lust ontbreekt me tegenwoordig. Steeds vaker heb ik het gevoel zelf een vis te zijn in andermans aquarium. Zoals elke landgenoot zit ik gevangen in de Nederlandse lucht en drink ik het Nederlandse water in de bange hoop dat de Grote Aquariumhouder in Den Haag ons goed verzorgt. Maar wie weet er nog iets van vissen verzorgen sinds er geen plaatjes meer bij de vloei zitten, omdat je toch haast nergens meer mag roken? Roken mogen alleen nog de schoorstenen van de economie. En zeker geen vissen. En zeker niet in een café. En dat je daar niets tegen in kunt brengen, net als vroeger, toen je iets van je moeder moest, voor de meest onvrije wil ter wereld: je eigen bestwil.

Nu het rookgordijn is opgetrokken zijn je zintuigen overgeleverd aan de genade van het geluidsbehang. Ogen zalf je met schemer, maar hoe streel je je oren? Met muziek zou je denken. Zo denken kasteleins er althans over. Als een misthoorn zonder mist schalt de muziek de speakers uit. Kun je met enig aandringen haring zonder uitjes kopen of friet zonder saus, zonder muziek is nauwelijks nog een café beschikbaar. Het is een aardig gezelschapsspel om te tellen hoeveel muziekloze cafés er in je woonplaats over zijn. Hoe groot die plaats ook is, wij zijn nooit hoger dan tien gekomen. De cafés mét hebben vrijwel alle één ding gemeen: de oren worden er al te hardhandig gestreeld. De muziek staat te luid, zodat je elkaar niet meer verstaan kunt, waardoor je harder gaat praten, waarna de muziek omhooggedraaid wordt, enzovoort; een vorm van audio-escalatie die maar al te vaak met gezelligheid wordt verward.

Soms valt de muziek even stil. Dan heeft de barman vergeten op de juiste knopjes te drukken of is de installatie stuk. Eindelijk kun je de mensen verstaan. Dat kan tegenvallen; niet iedereen beschikt over aardige teksten. Geeft niks, dan doen we de muziek weer aan. Ik herinner me bijzonder gezellige avonden bij Miepie Brouwer in de Goudbloemstraat, waar de klandizie het meest weg had van de landelijke lagevoorhoofdenclub. Bij gebrek aan conversatie mimede je bij een oorverdovend Hollands repertoire hoezeer je op elkaar gesteld was. Woordeloos als vlooiende apen werden armen om elkaar geslagen, klapzoenen uitgedeeld, biertjes aangeboden en knipogen gegeven tot de muziek op was en de mensen weer naar huis mochten. In Schumich, op de kop van het Singel, staat de muziek ook vaak te hard maar kletst iedereen vrolijk door. Hier dient de muziek vooral om de aangename staat van morsigheid te onderstrepen. Dat trekt navenant publiek. 'Ik hou van morsige pubs als The Grapes in Liverpool,' bekende journalist Michiel Blijboom onlangs in *Het Parool*. 'In Amsterdam kom je dan al gauw uit bij Schumich, vooral vanwege het puin dat daar altijd aan de bar zit. Ik hoop dat ik hier niemand mee beledig.' Dispensatie voor harde muziek hebben wat mij betreft ook de prachtige cafés van Den Helder (de Razende Bol, International Bar 't Knijpie, Romantica) en Delfzijl (Stad en Lande), waar zeelui niet meer wachten op een schip dat nooit meer komen zal. Denken mensen elders dat alles ooit nog een keer goed zal komen, als ze hun best maar doen, hier hebben velen die illusie laten varen. Een hele opluchting.

Volgens horecaonderzoekers Bergh en Joosten dient muziek in het café vooral om de klanten te selecteren. 'De gemiddelde rock-liefhebber zal niet zo snel een gelegenheid binnenstappen waar Beethoven de muzikale versnaperingen verzorgt, net zo min als klassiek-aanbidders zich thuis zullen voelen in een café waar heavy metal gedraaid wordt.' Als ik het goed begrijp, lok je de klanten niet met een bepaald soort muziek, maar jaag je ze met het tegenovergestelde genre weg. Hiervan was Willem van Gunsteren overtuigd. In zijn mooie Haarlemse kroegje kwam van iedereen wat, maar van sommigen iets te veel. Zwervers. Als Willem het welletjes vond zette hij zijn oude grammofoon aan. Als in de Scala van Milaan galmden de diva's door het kleine lokaal. De meeste zwervers hielden het dan voor gehoord en pakten hun biezen, een enkeling bleek van hogerwal afkomstig en bleef genietend zitten.

Bij ons thuis was klassieke muziek verboden. Had de homoseksuele buffetchef stiekem toch opera opgezet dan stormde Oom Piet met een rood hoofd de zaak in. 'Klassieke muziek jaagt de klanten weg!' was zijn credo. Geluid diende louter als behang. Net als het rookgordijn de ogen, suste achtergrondmuziek de oren. Muziek moest liefst rookgrijs gedraaid. Aanvankelijk hadden we hiertoe een enorme platenwisselaar van donker eikenhout en massief koper waarin 78-toerenplaten wentelden als kippen in een grillmachine. Later kwam de bandrecorder. Nu nog weet ik welk nummer op welk volgde, want er waren maar twee banden. Grijzer muziek is nooit vernomen. Maar de mooiste machine was de voorloper van de bandrecorder, eentje met ijzerdraad in plaats van tape. Dat draad raakte niet alleen in de war, het brak ook, waarna mijn eerste vader de uiteinden weer aan elkaar moest knopen. Dat kon hij opmerkelijk goed, maar de draad werd er wel korter van. Nog steeds zing ik het lievelingsliedje uit mijn jeugd als 'How much is in the window?' omdat mijn vader 'that doggy' ertussenuit had geknoopt.

En toen kwam de jukebox. De Wurlitzers, Seeburgs, Rock-Ola's en AMI's leken nog het meest op de Buicks, Oldsmobiles, Dodges en Chevrolets uit dezelfde jaren vijftig. Mijn vader had zo'n Wurlitzer met verlichte bubbeltjesbuizen, vol accordeonpotpourri's van de Three Jacksons en de eerste rock-'n-roll van Bill Haley. Nu selecteerde de muziek de klant niet meer, de klant koos de muziek. Daar moest je voor betalen, dus wilde je waar voor je geld: het volume ging omhoog. Een oude klant begreep er niets van, waarom dat ding zo hard moest van het jong publiek. 'Kunnen ze er niet gewoon wat dichterbij gaan zitten?' Bij Agie de Boer in Den Helder hadden ze geen jukebox, 'een oude radio zorgde voor de muziek. Als het onweerde stoorde die enorm. Klaagden de klanten daar erg over dan zette ze hem op Radio Luxemburg omdat het daar volgens Agie niet onweerde.'

Het interieur van café Koevoet is nog intact, maar sinds er een
restaurant in zit is de sfeer van toen voorgoed verloren.
Lindenstraat, Amsterdam.

Hoe ging het eigenlijk voordat de elektronica ons tot in
elke uithoek wist te vinden? Toen ging het nog met de hand.
In cafés als Mooy en Populair zat een man met een accordeon, een fooienpot en dorst. Accordeonist Leidse Piet eindig-

de na een rondje Zeedijk meestal in Karpershoek. Dan was hij volgens Joop Scheerman 'inmiddels driekwart gestookt. Dat zag je aan hem.De halen met zijn accordeon werden steeds wijder, bekkentrekkend en het hoofd steeds schever begon hij zelfs mondvocht los te laten. "Piet begon met een accordeon en eindigde met een waterorgel", weet een klant.' Her en der in de Jordaan is nog een café met een piano waarop de klanten mogen spelen. In Het Bruine Paard speelt Kees nog weleens, bijgenaamd Kees Piano omdat hij van het conservatorium komt en heel mooi speelt als hij niet gedronken heeft. Soms heeft hij gedronken. Eigenlijk zou hij net zo'n handje moeten hebben als pianist Kees Korenhof van het Groningse café Het Palet. Er hangt nu nog een prachtig schilderij van hem in De Wolthoorn: *De nacht dat de cucaracha's dansten* door Olga Wiese. Op het schilderij heeft Kees Korenhof een extra handje. 'Dat heb ik hem gegeven om hem tijdens het pianospelen de mogelijkheid te geven zo af en toe een slokje te nemen,' aldus Olga. Maar zonder handen gaat het ook, muziek. Zingen. Bij Chris zongen we vroeger met Opera Pietje opera's mee van het populaire repertoire dat nog vroeger op zondag uit de open ramen van de Derde Goudsbloemdwarsstraat kwam en laat op Koninginnedag sleurde een eenogige dirigent ons met een schuimspaan als stokje van boven op de bar in De Vriendschap zowel door de Parelvissers als door het Slavenkoor heen. In café Kanaalzicht (Utrecht) was het volgens de Zeeuwse schrijver Theo Richel 'iedere maandag mannendag, of hoe werd dat genoemd, dan werden aan de toog liederen gezongen als "Er dreef een hoer in 't Noordzeekanaal, d'r rok was los en d'r kut was kaal." Is dat nou leuk? Ja, dat was ontzettend leuk.' Tegenwoordig kun je voor zingen terecht bij De Twee Zwaantjes. Het zijn voornamelijk provincialen hier,

maar die kennen het Jordaanrepertoire al enige decennia het
best:

> Moeder waarom hebben de giraffen
> zo'n hele lange nek?
> Jongenlief vraag dat maar aan je vader
> die zegt het jou direkt
> Als je vader zo een nek had was hij blij
> Want dan duurt een borrel langer in de glij

Elke muziek heeft zijn liefhebbers. Mijn lievelingsmuziek is
het geroezemoes in een luidsprekerloos café, slechts begeleid
door het vullen van glazen, een krant die ritselt, het ophan-
gen van jassen. Een dirigent komt aan deze geluidsschemer
niet te pas. Als in een niet te groot meer klotsen de stemmen
alle kanten op. Het is juist het gebrek aan een leidend begin-
sel dat het geroezemoes een hoge plaats geeft op de korte lijst
van rustgevende geluiden. Van origine is het oor een alarm-
zintuig, dat bij het minste teken van onraad afgaat. Een onruststoker. Bedaren doen we slechts van een handjevol geluiden, zoals het spinnen van een poes, het snorren van de ketel
op de kachel, het zoemen van een bij of – liever nog – een
hommel. Bromtollen waren de troost van mijn jeugd. En het
geroezemoes uit het café beneden, een teken dat alles goed
was. Waar mensen roezemoezen wordt verbroederd. Het ge-
zoem van vredesonderhandelingen.

Om het geroezemoes zijn werk te laten doen is een goed
café een klankkast. Pal achter het Concertgebouw lijkt Welling zelf wel een concertzaaltje met al dat hout, die banken
en gordijnen. Goed ouwehoeren, dáár dienen die Perzische
tapijtjes voor. Vergelijk dat eens met de auditieve hel van het
grand café, dat gewoonlijk klinkt als een fabriekshal, al is

het maar omdat het ooit zo'n hal was. Als iets pijn doet aan de oren is het wel zo'n symfonie van staal, glas en beton. Hoe kun je op je gemak een borreltje drinken als er voortdurend geklos en gebonk beukt?

Is een café zonder muziek al een zegen voor de zintuigen, de ultieme heiliging breekt aan wanneer er een lange stilte valt. De meeste kasteleins durven het zover niet te laten komen, bang met café en al door de mand te vallen, maar bij André Lacroix heb ik het meermalen meegemaakt dat het handjevol klanten gewoon ophoudt iets te zeggen. Dan hoor je alleen het suizen van de kachel en het driftig getingel van de trams op de Overtoom, soms een kwartier lang, tot het André te veel wordt en hij de stilte zonder nadere aanduiding verbreekt met de mededeling dat het toch een mooi doelpunt was en een verhit debat uitbreekt over de kwaliteit van deze of gene scheidsrechter tot iedereen het erover eens is dat van alle partijen alleen Sparta niets valt te verwijten.

Het hoeft niet met z'n allen. Je hebt er ook die hun eigen stilte handhaven te midden van het geroezemoes. In het café bij mij op de hoek, De Natte Krant, zat Stille Frans altijd stil te wezen. Zoiets valt op in een soms best rumoerig etablissement. Buurman Bert reageerde al meteen bij binnenkomst met de welgemeende begroeting: 'Hé, geruisloze, jij ook hier?'

De oren vol geroezemoes, het uitzicht wazig, de hersenen doordrenkt, neemt de mist toe. Langzaam vervloeit de drinker met de schemer om hem heen. Het eerste wat hierbij wordt aangetast is het gevoel voor tijd. Bij gebrek aan bakens verliest met het 'hier' ook het 'nu' zijn betekenis. Wie weleens met een te klein bootje op een te groot water in een te dichte mist heeft verkeerd weet wat ik bedoel. Als je niet meer weet wat voor of achter is of links of rechts raak je ook

Uit de mist van drank en rook en tijd doemt café Hans en Grietje
op. Spiegelgracht, Amsterdam.

het gevoel voor eerder of later kwijt.

Wordt de dag uit licht geboren en is de nacht een kind van
de duisternis, de schemer kent geen tijd; of de ochtend is gevallen dan wel de avond aanbreekt is aan de schemer niet te
zien. De Rubayat wist het en J.C. Bloem vertaalde het:

Kom, vul de glazen en denk langer niet
Eraan hoe snel de onhoudbre tijd ontvliedt.
Gistren is dood, morgen nog niet geboren –
Wat zou 't, als ons vandaag genieten liet?

Tijdloosheid is helaas maar tijdelijk. Vroeg of laat – wie zal het zeggen? – trekt de mist op. Daar is de tijd weer. De hoogste tijd nog wel. Niet eens zozeer ontriefd als verbaasd kijken de laatste cafégangers op. Maar ze hadden het kunnen weten. In tegenstelling tot de officiële hemel is de aardse pendant slechts tijdelijk. Hier loopt elk bezoek weer uit op een zondeval.

Kun je je op het eind van een avondje stappen amper het begin herinneren, de volgende dag is er nog minder over. Je kunt de tijd niet straffeloos een tijdje buiten werking stellen. Een avond drinken om de hoek zadelt je op met een jetlag of je uit Honolulu komt. Elk café is een andere planeet, kroeglopen is een reis door het heelal. Hoe was het daar? wil je weten, maar je geheugen geeft geen antwoord, dat heeft wel iets anders aan jouw hoofd.

Zelf heb ik een goed geheugen. Het vergeet veel. Beter kan ik het me niet wensen. Een goed geheugen is een zeef met de gaatjes op de juiste plaats om ongewenste herinneringen kwijt te raken. Alles wil ik opfrissen de volgende ochtend, maar niet mijn geheugen. Wat je vergeet hoef je niet te verwerken. Om je het ergste te besparen worden veel gebeurtenissen domweg niet opgeslagen. Wat er niet in gaat hoeft er ook niet uit. Bij de verwoestingen die de drank in je hersenen aanricht is het geheugen het eerst aan de beurt. Doorweekt van de alcohol vonken de zenuwen nog maar zwakjes. Waar acetylcholine en verwante neurotransmitters zijn vervangen door jonge jenever en waar het bier door de synaptische spleten sijpelt, sluit het opnameloket van het geheugen de luiken in de zekerheid dat er toch niemand meer op zijn post is om de formulieren vol nieuwe indrukken te verwerken.

Cafébezoek voelt als een licht vergrijp. Het is zaak geen sporen na te laten. Die in je eigen geheugen zijn afdoende gewist, maar hoe staat het met het geheugen van de anderen? Hebben zij wel voldoende gedronken? Wie weet wat nog en wat wie? Er is maar één manier om daarachter te komen, wist J.B. Charles al:

Toch blijf ik Eylders frequenteren
Steeds obsedeert me deze sfeer.
Als John roept: Hoogste tijd nu, heren!
Weet ik: ik zit hier morgen weer.

Cartoonist Yrrah (Harry Lammertink) in sociëteit De Kring,
Kleine-Gartmanplantsoen, Amsterdam.

6

Café complet

De een schenkt, de ander drinkt: het café is een overzichtelijk bedrijf. Achteraf bezien is het verbazend hoe je een hele avond hebt kunnen vullen met glazen legen. Enkele glazen kantelen hoeft toch geen uren te kosten; al was het een hele fles dan heb je hem na een tijdje heus wel op. Wat heb je nog meer gedaan? Hoe kon de tijd nog sneller dan de drank verglijden? We hadden na een half uurtje al prettig aangeschoten buiten kunnen staan. Lekker vroeg naar bed.

Zulke gedachten, die hoort een kastelein niet graag. Die houden een mens maar uit de kroeg. Het is daarom zaak de bezoekers een schijn van bezigheid te verschaffen. Een mooie juf om naar te kijken, viltjes om te verkruimelen, een spiegel om mensen te bespieden, personeel om je aan te ergeren. Maar het kan ook formeler. Met regels. Dan heet het een spel. Ledigheid is des duivels oorkussen, maar spelen is een bezigheid. Wie speelt verbeuzelt zijn tijd niet, hij bestéédt hem.

Soms lijkt heel het café om het spel heen gebouwd. Dan pronkt midden in het lokaal het altaar van het biljart, de leiplaat loepzuiver in het lood, het smetteloze laken als door een gat in de wolken verlicht. Bij café Bloemenmarkt (Roosen-daal) laat het biljart nog net ruimte voor een halfrond barre-tje, helemaal in de hoek gedrongen, bij Veer (Nijkerk) lijkt heel het café opzijgeschoven door de enorme wedstrijdtafels. Je hoeft er zelf niet op te spelen om ervan te genieten. Het zachte klotsen van de ballen geeft het geroezemoes als het wa-re steeds een zetje; een mooie serie in het libre is net zo heerlijk om te horen als om te zien. Een 'café' waar je niet onmiddel-lijk de muziek der volklinkende ivoren ballen hoort, *is* geen café, wist schrijver Israël Querido na een bezoek aan De IJs-breeker, aan de Amstel. 'Juist dit spel heeft behoefte aan at-mosfeer, als geén ander. Zijn atmosfeer is de warme avond-spiegeling van glanzen en glimmingen en lichtscheuten op bierglazen, kelkjes, koffiekoppen en schoteltjes.' Midden op de dag, wanneer er verder in het café nog niet zoveel te doen is, straalt van de zwijgende spelers een te prijzen bedacht-zaamheid af, lopen is schrijden geworden. Op een of andere manier weten de mannen de kaarsrechte fallus in hun handen kuis vast te houden, niet zonder eerbied. Het opnemen van de situatie doet aan veldheren denken, de handen volgen de be-velen van hun leider en dan volgt, lijnrecht als een plunjer, de stoot.

Mijn wegen en die van de biljarters kruisen elkaar het mooist als ik ergens in de provincie een lezing mag geven. Lezingen beginnen omstreeks dezelfde tijd als biljartwed-strijden. Terwijl ik wat spraakwater inneem komen de man-nen cafés zoals Taverne (Tilburg) binnen. Echte mannen, met echte bierbuikjes en echte biljartvestjes van de biljartver-eniging een, twee dorpen verderop, de hoofden rood aange-lopen van het haasten na het eten, de hand uitgestrekt naar de reeds ingeschonken koffie die ritueel wordt genuttigd als offer aan Wilhelmina, de koningin van het biljart. Enkele stoten later ruist het eerste bier de pomp uit. Tijd voor mij om naar mijn lezing te gaan. Maar ik weet hoe het verder gaat. Iedereen zal bloedserieus stoten tot zijn beurt over is. Degenen die drinken zijn al zover. Zij mogen al. De anderen zullen zich nog in moeten houden. Dan volgt het bekendmaken van de winnaar, het tien over rood om het af te leren, er komt een telefoonboek op het biljart. Het klotsen zwelt aan. Dan komt het taxibusje uit het dorp even verderop. Als makke schapen zullen de mannen meegaan. Zo zullen ze mooi op tijd zijn, ruim voor de laatste ronde in het eigen café. Dan nog even en het zal het een mooie avond geweest zijn.

Helaas botert het niet meer zo tussen het café en de biljarters. Hun bond verbeeldt zich dat biljart een sport is, iets gezonds dus, en wil af van het imago van kroegjool, bier en bitterballen. Maar ook menige cafébaas ziet het biljart graag naar de sportschool verdwijnen. In De Kwaker, een prachtig achter de nieuwe Amsterdamse Hallen verstopt oud café, rest van het biljart alleen de grote prijzenkast. Maar het café blijft, al is het volgens de oude eigenaresse 'meer een hobby' geworden. Maar wat moet ze anders? 'Ik kan niet breien.'

Een biljart neemt te veel plaats in. Waar één biljart staat kunnen twaalf toeristen zitten. Bovendien jaagt zo'n oudemannetjesgedoe de jeugd weg. Die speelt liever op een pooltafel. Maar daar heb je niks aan. Te veel ballen. Dat klotst niet lekker. En er zitten niet van die mooie koperen tellertjes in de randen waarmee ik als kind de stand bij mocht houden als ik niet in de weg liep. Wat ook ontbreekt is de biljartklok die gaat rinkelen als je de ballen er niet op tijd op teruglegt of als je er niet op tijd geld in stopt. In café De Wolthoorn (Groningen) werd de klok als telefoon gebruikt. Dan speelde Aart Waterman, berucht om zijn wijdlopigheid. Eenmaal aan de beurt wilde hij volgens het jubileumboek *Wolthoorn & Co*

Een mooie trekbal in De Roode Leeuw, Den Bosch.

1923-1988 altijd eerst uitleggen hoe de speelbal precies zijn weg zou gaan.

Aart was weer aan de beurt en begon tegen de wil van alle andere spelers zijn nog te maken stoot te analyseren. Barman Jens zag de wanhoop en de vertwijfeling in de ogen van de anderen en liep naar de biljartklok, waarop een setje reserve-ballen lag. Hij tilde er één op, liet de bel rinkelen en riep: 'Telefoon voor Aart Waterman!'

Hadden ze van mij de pooltafel mogen houden, Heinz Polzer, beter bekend als Drs. P, had het niet zo op de Belgische variant van het biljarten met een aantal klosjesvormige hinderpalen. Na een geslaagd optreden in Heist nam hij het op tegen de plaatselijke kampioen. Jacques Klöters deed verslag:

> Heinz maakte veel werk van het krijten en hield de keu zonderling vast. Zijn eerste stoot was een dollemansstoot waarbij de bal na een avontuurlijke rondgang verbluffend mooi in het gaatje verdween. Maar de volgende stoten van Heinz mislukten en zijn meedogenloze opponent dreef zijn speelbal tenslotte grijnzend in het bos van obstakels in het centrum van het biljart. Heinz bezag de mêlee en stapte naar het buffet. In vooroorlogs Nederlands zei Heinz: 'Welaan, gedienstige, beschikt gij wellicht over een ijzerzaagje waarmee ik gindse beletselen kan verwijderen?'

Ook dit merkwaardige biljart is waarschijnlijk geweken voor een minder volumineus vermaak. Darts bijvoorbeeld. De kleine pijltjes en het grote biljart hebben meer gemeen dan je zou denken: dezelfde buikjes, dezelfde vestjes, dezelfde een, twee dorpen verderop. Belangrijker overeenkomst nog is hoezeer beide sporten met drank zijn te verenigen. Zowel voor biljarten als voor darts is een goed samenspel tussen handvastheid en hoofdhelderheid vereist en toch kun je er zonder al te veel nadeel bij drinken. Ervaringsdeskundigen houden zelfs vol dat het met twee biertjes op het best gaat. Hoe dat mogelijk is, levert weer een avond stof voor een gesprek.

Met biljart en darts heb je de sport in het café wel gehad. Dat er toch zo veel cafés De Sport of De Sportvriend heten – Sportzicht in Aalsmeer is een aanrader – berust vooral op passieve liefde voor de sport. Die kan beter in zijn café bedreven worden, vindt de kastelein, dan dat zijn klandizie haar

Biljarter in café Nooyer, de Jordaan.

tijd verdoet in een stadion. Hier kwamen de supporters toen er nog geen goedkope kantines waren, hier werden de uitslagen bekendgemaakt toen er nog geen televisie was. Vanaf de eerste sportuitzending in 1959 gingen veel mensen in het café kijken. Aanvankelijk was het in een dorpskroeg als De Drie Snoecken wel zaak een goed plaatsje vooraan te bemachtigen want er werd veel gerookt. 'Hierdoor zag de lucht blauw van de rook en werd het beeldscherm steeds slechter zichtbaar.' In Weesp schatte stamgast Peter Blekman de intelligentie van zijn medevoetbalkijkers in 't Helletje niet hoog in. 'Op zondag is de Jostiband niet te boeken,' beweerde hij. 'Dan kijken ze Ajax bij 't Helletje.'

Sport is niet alleen om naar te kijken. Je kunt er ook op

gokken. Het grote gokken is begonnen met de paardenren-
nen. Toen de belasting op de winsten van de bookmakers te
hoog werd, weken deze uit naar de Hilversumse en Haagse
kroegen. Haagse paardenhandelaren, jockeys, gokkers en
bookmakers uit Duindigt kozen hun domicilie in café De
Landbouw, uit oogpunt van politiecontrole prettig landelijk
gelegen.

> Drie keer in de week vonden de paardenraces plaats, en
> De Landbouw zat dan al vanaf de vroege ochtend stamp-
> vol. Helpers van de bookmakers stonden op de Witten-
> burgerweg aan de noordoostkant van Duindigt om de
> wedrennen met verrekijkers gade te slaan, waarna de
> uitslagen door een keten van loopjongens met briefjes en
> handsignalen over het viaduct naar De Landbouw wer-
> den doorgeseind.
> Na sluiting van het café werd het gokken gewoon bui-
> ten op het erf voortgezet. Soms kwamen de gelukkige
> deelnemers tot verrassing van hun huisgenoten 's nachts
> thuis met een paard of een geit die ze hadden gewonnen.

Verrekijkers of een keten van loopjongens zijn tegenwoordig
niet meer nodig. In het café gok je op de gokkast. Je kunt er
geen paard of geit winnen maar tweehonderd euro per uur behoort tot de mogelijkheden. Meer mag niet van de wet, die in
de loop van de jaren flink is aangescherpt. Kon de kroegbaas
in de jaren tachtig nog rijk, en de kroegklant arm worden van
de gokkast, nu lopen de zaken terug. Hadden indertijd negen
op de tien cafés een kast staan, nu zijn het er nog maar twee.
Maar in café De Korenbeurs (Zutphen) bestaat nog steeds,
sinds 1903, de loterijclub 'De 100.000'. Na een kleine eeuw
was het elan er nog lang niet uit getuige het jubileumlied:

Zo gaan we door naar honderd jaar
De club die blijft bestaan
We zetten in, wat ook gebeurt
De naam die wordt eens waar

Andere oude kroegen houden het bij een spaarkas. Dat is een houten kastje vol genummerde geldgleufjes. De leden van de kasclub betalen contributie en leggen spaargeld in. Het totaal wordt eens per jaar uitgekeerd en van de contributie, de rente en de boetes voor nalatigheid worden de bloemetjes buitengezet. Zo word je feestende rijk. Dat klinkt raar, maar het was niet eens zo lang geleden doodnormaal om je geld te verdienen als klant in een kroeg. 'Voor de tapkast wordt het meest verdiend,' staat er nog steeds in Hegeraad geschreven, tot onbegrip van jonge klanten. Zoals de zzp'ers van vandaag werken in een hippe koffietent deden veel handelaren hun zaken vroeger in een bruine kroeg. Over vooruitgang gesproken.

Cafés als De Bonte Koe (Purmerend) en De Mart (Culemborg) herinneren aan de tijd dat veekopers hun transacties afsloten in de kroeg. Tegen twaalf uur 's middags waren de kroegen alweer gesloten. Dan waren de koeien verkocht, de biervaten leeg, de boeren vol jenever. Nog afhankelijker van de kroeg waren de binnenschippers. Overal waar je aan kon meren hadden de landbewoners een kroegje voor ze neergezet. Langs de Maas ging het van de ruige schipperskroeg Cosy Corner (nu het brave Pötterke) in Maastricht, tot café Willemsbrug in Rotterdam, waar nu nog echte varensgasten aanleggen. De Eerste Aanleg, zo heetten heel wat schipperskroegen op de ene kant van hun uithangbord; op de andere kant De Laatste Aanleg. Bij gebrek aan marifoon of mobieltje konden binnenvaarders op de grote rivieren alleen contact met

In De Korenbeurs wordt vanouds om een biertje of een borreltje gekaart. Voor de grote winst beschikt het Zutphense lokaal sinds 1903 over een heuse loterijclub.

hun kantoor opnemen via de telefoon van cafés als De Gouden Leeuw (IJsselmonde) of het Rijnvaarthuis (Rotterdam). Vanaf de ankerplaats roeiden de schippers een- of tweemaal per dag naar het café voor orders. In Amsterdam konden ze gewoon lopen naar hun postvak in café De Zeepost, dat nog steeds als ruig kroegje standhoudt in het toeristengeweld op de Prins Hendrikkade. Zelfstandige booteigenaren moesten soms weken in het café wachten op een nieuwe vracht. Dan werd er weleens een biljartje gelegd en een borreltje gedronken. Alle schippers kenden elkaar van de kroeg. Een kantoor met verplichte consumptie, kom daar nog eens om. En je hoefde niet alles zelf te betalen. Had een collega een nieuwe reis aangenomen, dan gaf hij een halve tot een hele procent van de vrachtprijs weg in de vorm van een paar rondjes bier of jenever. De schipperscafés voeren er wel bij. De kasteleins waren vaak zelf sleepagent, tot ongenoegen van sleepbootreder L.J.W.H. Goedkoop in *Lekko...!*:

> De sleepagent was de man, die de sleepboten van werk moest voorzien. Dit beroep was in vele gevallen gekoppeld aan het op zichzelf eerbare bedrijf van caféhouder. Hierdoor ontstond het begrip 'kroeg-bevrachting', dat voor vele schippers een onaangename klank heeft gekregen. Het was namelijk niet in het belang van de sleepagent-caféhouder, dat de sleepschipper snel aan een sleepboot geholpen werd om na een enkel glaasje bier – of ander vocht – weer voor geruime tijd te verdwijnen. Evenzo verging het de sleepbooteigenaar. Lang wachten en vaak terugkomen werd dan het parool en te gemakkelijk liet de klant zich dit aanleunen omdat het café, waar vele collega's samenkwamen, een aangename pleisterplaats was.

Helaas is aan deze misstand een einde gekomen. Binnenschippers jakkeren tegenwoordig 24 uur per dag met hun drijvende bankschuld de wateren af en hebben geen tijd meer voor het café. Veehandelaren hebben de cafés verlaten sinds de veemarkten zijn gesloten. Wat je nog wel ziet aan drinkende werkers en werkende drinkers zijn schrijvers. Sommigen van hen zien de in het café verstrekte drank als een bedrijfsmiddel om hun writer's block te ontgrendelen en de pen te laten vloeien. Baat het niet dan schaadt het niet en heeft de schrijver toch een leuke avond gehad. Andere schrijvers beschouwen zichzelf als een kip. Zoals een kip niet kan lopen zonder met zijn kop te knikken menen zij niet te kunnen schrijven zonder het glas te heffen. Maar voor de meesten reikt de band tussen de letteren en het café veel dieper, tot in het wezen van de taal als sociaal glijmiddel. Het meeste wat de mensen met elkaar te bespreken hadden, zo blijkt in elk café, is roddel. Wie het met wie doet en hoe. Waarom ze het niet met mij doen en waar doen ze het van. Turf je alle gesprekken in het café of daarbuiten, dan haalt geen enkel ander onderwerp ook maar de tien procent. Zelfs auto's niet of sport. Over mensen willen we praten, van mensen willen we horen. Vandaar dat we zulke goede roddelaars zijn. Maar er is altijd baas boven baas. Wie het best kan roddelen wordt schrijver. Lees A.F.Th. van der Heijden, Ronald Giphart of Connie Palmen: intiem gewroet in andermans zaken, anders is het niet. Doorgewinterde schrijvers roddelen in één moeite door over zichzelf. Dat heet een autobiografie.

Boek en borrel horen bij elkaar. Ik ben dol op beide. De hemel stel ik me dan ook voor als een welvoorziene bibliotheek met volledige vergunning. In afwachting van deze opperste zaligheid hou ik lezingen in de literaire cafés van ons land. In het gezelschap van alcoholhoudende lezers en schrijvende alcoholisten is het in dit voorgeborchte best uit te houden. Een eerste verkenning ging naar het literair café bij uitstek, De Engelbewaarder, huiskamer van *Propria Cures* en *Vrij Nederland*. Voor de jenevertest van 1973 gaf *VN*-redacteur Martin van Amerongen de volgende recensie:

Achter in de pijpenla is een optrekje met een grote leestafel (nieuwe Nederlandse literatuur aan kettingen). Er is zeer redelijke schenkjenever (oud en jong), oude Bols (steen) en Bokma en jonge Meder en zelfs 's werelds beste jenever Bols-Corenwijn. Eén flipperautomaat, één gokkast. Bovendien een pianola, maar die wordt al maandenlang gerestaureerd; als hij straks weer werkt kan men voor *f* 1,- inworp luisteren naar de *Reichspräsident Hindenburg-Marsch*. De drie grote luidsprekers staan nogal eens te hard, vooral voor mensen die denken dat je in een Litterair Café goed kunt converseren.

De muziek won al snel, de kettingen bleken te zwak om de letterhongerigen te weerhouden en het stinkt er alweer vele jaren naar eten. Oprichter Bas Lubberhuizen week uit naar café Welling, meer naar het zuiden, waar gevestigde schrijvers met de heersende literaire winden als vanzelf mee heen dreven. In de buurt van De Engelbewaarder handhaafde zich als literair bolwerk alleen nog enige tijd café Bern, met schrijvers als Leeflang, Schierbeek en Eijkelenboom. Tijdschrift *De Tweede Ronde* kwam er samen rondom vertaler Marko Fondse. Toen Marko eens, door griep geveld, te bed lag, sprak Alexander Pola, zijn buurman, van 'De zieke Fondse'.

Voor een 'literair café' moet je tegenwoordig afreizen naar Helmond, Venray, Barneveld, IJsselstein of Gemert. Neem wel een heupflesje mee, want de term 'café' is er aan devaluatie onderhevig. Het literair café van Gemert zit in het Cultuurhuis, voor dat van Helmond moest ik naar de aula van het Dr. Knippenbergcollege en de lezingen van Literair Café Venray – motto 'Als een mens zich uit in taal zie je de geest van de mens' – in het Theehuis van Odapark Venray. In welk een tandeloze tijd zijn onze schrijvers beland! Waar is kroegtijger A.F.Th. van der Heijden gebleven? In *Asbestemming* herinnert hij zich de gloriedagen bij De Zwartnog goed:

Schrijver A.F.Th. van der Heijden in De Zwart aan het werk met zijn redacteur Anthony Mertens.

We dronken grote, koude glazen bier met het bijna kauwbare schuim, waar De Z. het patent op heeft. Het kleine café liep nu, halfzes, snel vol. Er vormden zich steeds meer groepjes, die soms als tandraderen in elkaar grepen, met ellebogen en schouders elkaar aan het draaien brengend, en je moest niet vreemd opkijken wanneer je, na zo'n draaibeweging, opeens tot een ander gezelschap behoorde. Het overkwam mij tussen mijn zesde en zevende herenpils.

Het drinken was A.F.Th. met de paplepel ingegoten in zijn vaders stamcafé De Kuster (Geldrop), dat herdoopt tot De Muis in 2017 wegens gedoe met wiet gesloten werd. A.F.Th. dronk toen zelf al niet meer.

Sinds de tragische dood van zijn zoon Tonio komt hij 'vrijwel nergens meer, laat staan in het café'. Maar 'ik sluit niet uit dat ik op een dag weer gewoon het tochtgordijn opzij sla, en een beetje onwennig op mijn oude plek ga zitten. Waar waren we gebleven?' Maar ook daar zwijgen de doden: Jean-Paul Franssens, Gerrit Komrij, Johannes van Dam. Even verderop bij De Pels zijn er meer over uit de glorietijd. Hier was men iets jonger. Herman Koch komt ervandaan, met de jongens van Jiskefet, Yvonne Kroonenberg, Mensje van Keulen, Matthijs van Nieuwkerk. Als een van de eerste nieuwe bruine cafés gold het er als hipper dan De Zwart. Om nog maar te zwijgen van de oerschrijverscafés Reynders en Eylders, uit de tijd dat het op het Leidseplein te doen was. Hier huisden fossielen als Jan Hanlo, Den Brabander en de Vijftigers. Reynders is al jaren geleden het foute pad ingeslagen toen er een van de eerste computers op de leidingen werd aangesloten om de obers het stelen te ontmoedigen. Daar houden obers niet van. Ze werden chagrijnig, wat op de klanten oversloeg tot er op het hele plein alleen nog toeristen te vinden waren. Op Eylders na dan. Dat houdt dapper stand, met een bar als een vesting en obers uit de tijd van het zwart-wit. Hiervoor kwam A. Rol-

and Holst uit Bergen (NH), hier dronk Remco Campert met de andere Vijftigers Andreus, Elburg en Kouwenaar, hier zat de dichter Gerard den Brabander toen de literator Kelk eraan kwam. Kelk had een slechte recensie over een bundel van Gerard den Brabander geschreven. Deze sloeg de ogen op en zei: 'Heer, laat deze kelk aan mij voorbijgaan.'

Het was een mooie tijd voor schrijvers van literaire handboeken à la Knuvelder. Hun onderwerpen zaten keurig naar genre onderscheiden kluitjesklaar per hoofdstuk bijeen. Dat was niet meer dan logisch in een tijd waarin de literaire tijdschriften het nog voor het zeggen hadden en zich bij gebrek aan e-mail als communicatiemiddel met het café moesten behelpen. Van nature deelden de schrijvers zichzelf ook al in per stad of regio.

Hielden Gerrit Komrij en A.F.Th. van der Heijden hof in het Amsterdamse De Zwart, in Groningen gaat Jean Pierre Rawie nog steeds voor in De Wolthoorn. Als een begenadigd causeur strooit hij met gulle hand meningen en anekdotes in het rond, niet omdat hij ze kwijt moet maar om de kring zinvol te vermaken. Om de charme van deze nauwelijks meer vertoonde kunst te onderstrepen gaat Rawie daar enigszins gedateerd bij gekleed. Met hoed en wandelstok was hij ook een opvallende verschijning op de kroegentocht die we onlangs met uitgever Vic van de Reijt en verslaggeefster Corrie Verkerk maakten door het Oost-Groninger land. 'Ze denken vast,' zei Vic, 'dat we Jehovah's getuigen zijn.' Het werd een bittere tocht per trein en bus langs café 't Houkje te Winschoten ('Vandaag gesloten'), café-biljart De Harmonie te Oude Pekela (dicht), café De Gieterij te Heiligerlee (op maandag!) en De Kleine Fuik te Bad Nieuweschans ('Dij is dood!'). Op zoek naar alternatieven bleken Groningers geen grote praters, maar dat wist Vic al van het boekje *Café op driefklaai* dat hij bij zich had, van regionaal troubadour Harry Niehof: "'t Is nait veur niks dat amandels knippen ien Grunnen wel drij moal zo duur is as op aander plekken, want omdat mensen hier gain bek opendoun, mot dokter altied achterlaans.' Doorweekt en verkleumd kwamen we net op tijd op het oude nest, De Wolthoorn. Het werd nog heel gezellig hier, indachtig de regels van Rawie:

Decor van hartstocht, dronkenschap en ruzie,
eens wieg en graf voor iedere illusie,
maar toch, ook zonder al die flauwekul
best wel een mooi café, zoals ik nu zie.

In Enschede voerde Willem Wilmink de literaire coterie aan in Het Bolwerk, nog steeds iets terzijde van het gebruikelijke tot één megaterras aaneengesmolten bindweefsel van uitgaanscafés op het plaatselijke plein. Rotterdammers klieken samen rondom Jules Deelder, die daar de cafés van zowel de Oude als de Nieuwe Binnenweg voor nodig heeft. De Haarlemse schrijverscafés zijn jaren gedomineerd door Louis Ferron en Lennaert Nijgh. 'Het prettige van cafés,' schreef Lennaert, 'is dat je ongestraft wartaal kunt uitslaan.' Elke middag om drie uur ving Ferrons hof aan in In den Uiver, 'aan de voet van de kathedraal, waar de zon sinds de eerstesteenlegging niet meer geschenen heeft,' zo te zien door Frans Hals zelf gebouwd, maar in werkelijkheid een omgebouwde viswinkel, op voorbeeldige wijze door Quim Nunes en Daan Pelgrom afgekeken van Amsterdamse proeflokaaltjes als De Drie Fleschjes en De Wildeman. Van In den Uiver ging het verder naar Koops en het Melkwoud. Lennaert, de tekstdichter van Boudewijn de Groot, zat ook graag bij mijn stamcafé De Oude Florijn, beter bekend als Kees en Gerda.

Op een keer bestelde iemand bij Kees iets te drinken. Wat of het precies moest zijn? Dat gaf niet, als er maar alcohol in zat en als het maar koud was. 'O, dan moet je Gerda hebben,' begreep Kees. Later ging Gerda dood en heette het café Kees zonder Gerda. Toen was Louis Ferron al verhuisd naar zijn echte hoofdcafé, Sligting. Hier was men nog weleens bereid Duitse soldatenliederen uit de Tweede Wereldoorlog voor hem op te zetten. Uit de verkoop van zijn boeken kon Louis al dat drinken niet betalen, maar hij wist met zijn werk opmerkelijk vaak in de geldprijzen te springen. Dat hij zijn uitspattingen later beperkte tot één zogeheten 'blauwe maandag' was meer om gezondheidsredenen. De rest van de week kon hij de toren van de St.-Bavo, met daaronder zijn geliefde In den Uiver, thuis alleen maar uit de verte bewonderen.

Er zijn verschillende redenen om naar een schrijverscafé te gaan: bewondering, nieuwsgierigheid, afgunst. Maar de beste reden had je voor De Kring. Die bleef ook na sluitingstijd open. Tenminste, als je lid was. Voor het interieur hoefde je dat niet te worden. Volgens Jan Cremer leek De Kring op een 'stationslokaal van een middelgrote fabrieksstad in Oost-Duitsland. Twee kale lokalen met ouwe bruine keukenstoelen en banken langs de kant, een biljart in het midden, een halfvergane jukebox van vlak na de oorlog met alleen maar leuke "swingende jazzplaatjes"'. Dichter Hendrik Marsman noemde het 'een der walgelijkste verblijven ter wereld' en dat niet alleen vanwege het meubilair. Er kwam 'het meest vaatdoeksche half- en schijn-intellect' bijeen; dichters verlummelden hun uren 'met meiden die te stom zijn om één woord mee te wisselen en te laf om de baan op te gaan'. Toch hadden veel schrijvers er heel wat voor over om lid te mogen worden. Hoog aanzien genoot Harry Mulisch, onafscheidelijk van zijn pijp en van zijn vriend de schaker Jan Hein Donner. Op een keer was Hein 'helemaal in de rum-cola. Tipsy. Verdrietig.' Mulisch vroeg hem wat er aan de hand was. Heins vriendin bleek zwanger. Waarop Harry volgens violist Lodewijk de Boer opperde daar gewoon iets aan te laten doen en Hein hartstochtelijk uitriep: 'Dat is mijn probleem: ik wil de móéder weg laten maken.'

In principe was daar wel iets aan te doen geweest. Er mochten ook dokters lid zijn. 'Dokter Holzhaus was een oude aborteur,' vertelt Cecilia van Vliet. 'Op een keer zei iemand aan de bar tegen Holzhaus dat hij zojuist langs diens praktijk in de Jan Luijkenstraat was gefietst en dat hij uit de vuilnisbak de poot van een ooievaar zag steken.'

Symbolisch voor De Kring is de heel hoge, steile trap die je moet beklimmen om de hemel met volledige vergunning te bereiken. 'Ik zie nog voor me,' vertelt oud Kring-lid Paul Kijzer, 'hoe een man halfdronken kwam binnenstrompelen. Toen hij boven was, haalde Brouwer (de portier) hem in en vroeg: "Meneer, bent u lid?" Waarop de man antwoordde: "Integendeel."'

That's the spirit.

'Hoe zou ooit het gezelschap gaan vervelen / Van kunstenaars en intellectuelen?' dichtte Victor E. van Vriesland in 1930 in een loflied op De Kring. De vraag was retorisch bedoeld, maar het is niet zeker of hij nu nog zo zou worden opgevat. De oude bruine keukenstoelen van De Kring zijn vervangen door luxe yuppenmeubilair ('Hoor je vanaf de bar een verre kreet dan probeert een bejaarde kunstenares zich vergeefs los te maken uit een leren clubfauteuil'), kunstenaars en intellectuelen houden elkaar gezelschap op het internet, en schrijvers mijden elkaars cafés. 'In mijn beleving zijn er niet of nauwelijks meer specifieke schrijverscafés waar je standaard grotere groepen schrijvers aan kan treffen,' zegt Maurice Seleky, organisator van Jonge Schrijversavond, in 2016 in *Het Parool*. 'Gewoon in cafés zitten is een beetje uit,' valt Daan Heerma van Voss hem bij, 'jonge schrijvers die graag willen paraderen gaan naar lobby's van hippe hotels. De jonge garde die niet zozeer schrijver wil zijn of spelen, maar gewoon graag schrijft, werkt ook na kantooruren door. Er moet natuurlijk wel gewoon brood op de plank komen. Ik zou zelfs zeggen dat de schrijver iets burgerlijker is geworden.'

Zou het? Burgerlijke deugden werden door Gerard van het Reve al beleden. Hij foeterde zijn vriend Frans Pannekoek uit omdat hij zijn bed niet uitkwam en de kunstenaar uithing in plaats van zijn werk op tijd in te leveren maar dat belette hem niet om zich getweeën een coma te zuipen ter voorbereiding van het alcoholisch epos *Veertien etsen van Frans Lodewijk Pannekoek voor arbeiders verklaard*. Connie Palmen heeft altijd brood op de plank gehad. Als ze weinig in het café kwam is het hooguit omdat ze te veel gedronken had om het te halen. Dat dichten en drinken goed samengaan is vooral bekend van Willem Kloos. 'De natuur is mooi,' zou hij gezegd hebben, 'maar je moet er iets bij te drinken hebben.' Om precies te zijn zei hij: 'Ik houd erg van een mooi uitzicht buiten maar ik moet er iets bij te drinken hebben' en ook op dat citaat zijn varianten. Willem Elsschot maakte er helemaal geen woorden aan vuil. Na enige kantooruren als baas van een advertentiebureau verdween hij vroeg in de middag om 'brieven te posten' en pas laat op de avond weer op te duiken en dat heeft zijn literaire werk geen kwaad gedaan.

Minder literair maar daarom niet minder dorstig waren de journalisten die overal waar kranten gedrukt werden de cafés bevolkten. Alleen al *Het Vrije Volk* zorgde met al zijn edities in den lande voor een armada aan kroegen, liefst in de buurt van een station waar je de treinbrieven met het laatste nieuws kon doorgeven, wat een enerverende en dus dorstopwekkende bezigheid was. In Groningen dronken de Vrije Volkers samen met de journalisten van *Ons Noorden*, *De Nieuwe Groninger Provinciale Courant* en het *Nieuwsblad van het Noorden* in De Wolthoorn. Die van Eindhoven deelden café Bommel met de medewerkers van het *Eindhovens Dagblad*. Met z'n allen zijn ze door Rijk de Gooyer en Eelke de Jong vereeuwigd in de persoon van Koos Tak. Zelf zaten Rijk en Eelke natuurlijk aan de ronde tafel in Scheltema, het krantencafé uit de tijd dat de Nieuwezijds Voorburgwal nog het Fleet Street van Amsterdam was. Toen *Volkskrant*, *Trouw* en *Het Parool* naar de Wibautstraat verkasten is er nog een tijdje doorgedronken bij Hesp op de Weesperzijde, maar de sjeu was er toen al een beetje af. Redacteur Bob Steinmetz: 'We hadden de behoefte een tweede Scheltema te creëren, maar algauw kreeg je het gevoel van een mislukt feestje, waar je toch maar blijft roepen dat het zo leuk is.'

Geen schrijvers zonder lezers. De laatsten houden dapper stand in het café. Het is opmerkelijk hoeveel er nog wordt gelezen in het café, al zijn het dan meest kranten. 's Ochtends, wanneer het praten nog niet zo goed lukt, worden ze gespeld. De krant uit, wijzer en dorstiger, kan de dag beginnen. Anders gaat het mis. Exemplarisch is de 'starende man met de regenjas' uit een van Carmiggelts kroegverhalen, die 'zo'n verpestende eenzaamheid' om zich heen verspreidde dat de kastelein gehinderd vroeg: 'Moet je geen krantje lezen of zoiets?' Kasteleins zien graag dat klanten hun krantje lezen. Daarin doen ze gespreksstof op, wat het werk van de kastelein verlicht. Liefst heeft hij dat ze dezelfde krant lezen, zodat ze elkaar synchroniseren. Iedereen weet dan waar het over gaat. Na enige oefening kun je zelfs aan de manier van lezen zien of de ander al in is voor een gesprekje over het gelezene, iets wat je thuis je huisgenoten nooit goed aan het verstand kunt brengen. Ideaal is een leestafel, waaraan je je naar behoeven aan het gezelschap kunt onttrekken. Americain en Scheltema hebben nog echte leestafels, met het licht van boven, waar de stilte wordt gehandhaafd als in een ouderwetse leeszaal. Bij Hegeraad hebben ze ook een mooie sortering kranten, maar dan aan de muur, in zo'n rekje waarop vroeger werd vastgesteld dat een tevreden roker geen onruststoker is. Net als een tevreden lezer.

Uitgevers hebben ook dorst. Eigen cafés hebben ze niet nodig; als regel houden ze als een soort ossenpikkers de schrijvers in hun cafés gezelschap. Als schrijver kom je ze ook tegen op presentaties en soortgelijke festiviteiten. Daar wordt door Nederlandse uitgevers matig ingenomen, maar de Belgen zijn uit ander hout gesneden. Laatst was ik op de presentatie van een boek waarvoor ik het voorwoord had geschreven. Naar Hollandse gewoonte was er bier en wijn na afloop, geen jenever. Uit ervaring wijs geworden had ik mijn voorzorgen genomen en haalde een heupflesje uit mijn rechterbinnenzak. Nieuwsgierig vroeg de Belgische uitgever me wat er in dat flesje zat. 'Jenever,' zei ik naar waarheid. Hij: 'Mag ik ook 'n slokske?' Ik schonk hem een lauw glaasje in. Tevreden dribbelde hij weg. Maar na een, twee minuten was hij terug. 'En in uwen andere zak,' vroeg hij vriendelijk, 'hebt ge daar ijsblokskes?'

Als een processie weerspiegelt de kerk zich in de kroeg.
Roermond.

7

Kerk en kroeg

De kroeg staat naast de kerk. God zelf wijst de weg. Het haantje van de toren is het beste uithangbord voor beide. Straatnamen zoals 'Kroegstraat' zijn overbodig; volg gewoon de Kerkstraat en je komt waar je wilt zijn. Hier, op het Kerkplein, kruisen de twee belangrijkste wegen, de weg naar Rome en die naar Sodom en Gomorra. Een ideale plek.

Je zou denken dat het er netjes verdeeld is: het lichaam voor de kroeg, de geest voor de kerk. Gelukkig kent de kerk haar taken beter. De naakten moet ze kleden, de hongerigen spijzigen en de vreemdelingen herbergen. Omgekeerd begeeft de kroeg zich op geestelijk terrein. Drank is het geestrijk vocht bij uitstek. Dat was het al bij de Oude Grieken. Die raakten ervan in extase. Extase is, behalve een goede naam voor bars en dancings, het Griekse woord voor buiten jezelf treden. Priesters dronken alcohol om zich als louter geest, bevrijd van hun lichaam, met de goden te verstaan. Gewone Grieken dronken gewoon bij het eten, maar niet zonder plengoffer aan de goden. Zoals wij 'proost!' zeggen voor we een slok nemen, morsten zij een beetje wijn bij wijze van hemels rondje. Wil je de geest uit de wijn drijven, dan moet je hem destilleren. Het resultaat is spiritus, de geest van wijn. Terwijl de kerk de geest verheft, trekt de kroeg hem omlaag. In het ideale geval zijn hun krachten even groot en komt hij precies aan de grond. Maar het kan niet altijd goed gaan. Dan zak je door de vloer of krijg je de hoogte. Het streven is net iets boven het aardoppervlak te blijven hangen in afwachting van de verlossing. Kroeg en kerk zijn complementaire wachtkamers van de eeuwigheid. Zachtjes stuiterend tussen kerk en kroeg moet het gek lopen wil de ziel te zijner tijd haar doel niet bereiken. De remmen die aan de ene zijde worden losgegooid kunnen aan de andere kant weer worden aangehaald, maar niet te strak graag. In zekere zin draagt de kerk zo aan het behoud van de kroeg bij. Ze verleent hem de aura van zondigheid die ervoor zorgt dat hij enigszins pikant en dus aantrekkelijk blijft.

Natuurlijk zijn er, als in elk goed huwelijk, ook spanningen. Op zondag eist de kerk voorrang. Veel kroegen blijven dan vanouds gesloten. Zelfs nu nog zal het je op zondag rondom een christelijke plaats als Werkendam niet meevallen een bier of borreltje te scoren; ook een doordeweeks zo bruisende zaak als Havenzicht gaat dan niet open. Maar niet alleen de kastelein ligt aan goddelijke banden. Ook over priesters en dominees die het café bezoeken is menige banvloek uitgesproken. Zo verklaarde Pius X de waardigheid van de priesterlijke staat onverenigbaar met het bezoek aan een openbaar lokaal ('tabernas aliaque similia loca') anders dan uit noodzaak, of andere goede reden naar het oordeel van de plaatselijke gezagsdragers. Het heeft het wankel evenwicht tussen kerk en kroeg niet uit het lood gebracht, maar de laatste jaren begint het huwelijk barstjes te vertonen. Sinds de ontkerkelijking is uitgebarsten sluiten kerken en kroegen in eenzelfde hoog tempo; zowel kerken als kroegen

worden tot woonhuis, winkel of – mijn god! – pannenkoe-
kenhuizen omgebouwd. Zijn wijn en brood, jenever en bitterballen straks overal tot Fanta en poffertjes getranssub-
stantieerd?

Gelukkig gaat het zowel in de kerk als in de kroeg om meer
dan brood en wijn. Mensen komen er in de eerste plaats voor
troost en daar zal altijd vraag naar blijven. Om ons te ver-
zoenen moeten plengoffers worden gebracht. Op het altaar
en aan de bar krijgen de mensen de geest. Je hoeft geen jezu-
iet te zijn om in de handelingen aan de tapkast het religieuze
ritueel te herkennen van de priester voor het tabernakel. Zo
veel verschil is er niet tussen spatel en wijwaterkwast, kelk
en kelkje, voorschoot en soutane, 'hoogste tijd!' en 'ite, mis-
sa est'. De miswijn komt van dezelfde Tilburgse handelaar
als het seculiere druivennat in het café. In de kerk wordt de
wijn het bloed van Jezus Christus, zoals het brood in zijn
vlees verandert. Om waarlijk mens te zijn moest Jezus een
wezen worden van vlees en bloed. Als elk wezen van vlees en
bloed dronk hij zelf ook wijn en zag hij zichzelf graag als een
werker in de wijngaard. Religie is doordrenkt van drank.

Zo was de kerk voor menig jongetje in mijn klas de eerste
kennismaking met alcohol. Misdienaar was de functie bij
uitstek om ook eens een slokje te nemen. Zelf voelde ik geen
roeping. Thuis in het café hadden we wijn zat. Voor mijn
klasgenootjes daarentegen was wijn iets mythisch, met een
mythische klank zoals wierook en mirre. Geen drank voor
de mensen maar voor de goden. Bij geen van mijn vriendjes
werd thuis wijn gedronken. Omgekeerd zag je nooit een
priester tijdens de consecratie met een pilsje in zijn hand. Een
god met bier als bloed, daar gelooft geen hond in, dat begrijpt een kind. In de hemel is geen bier, daarom drinken we
het hier.

De voorliefde voor wijn is historisch ingegeven. In de bakermat van het christendom, Rome, werd nu eenmaal wijn gedronken. Druiven zat. Bier was een kenmerk van de Barbaren. Tussen het afzakken van de Rijn en het verdobbelen van hun vrouwen in, dronken ze het met schedels vol. In plaats van kerken hielden ze oude eiken in ere, in plaats van de leeuw was de beer hun symbool. Bij het oprukken van de beschaving waren de eiken snel gerooid, de beren afgeslacht, maar het bier bleek onmisbaar. Er was in het noorden geen zon genoeg voor wijnbouw. In kloosters werden de laatste zonnestraaltjes voor de druiven opgevangen om Gods voorschriften in de mis op te kunnen volgen. Monniken brouwden bier om de import van wijn te bekostigen. Praktisch als altijd vonden de katholieken een oplossing. In de kerk vloeide de wijn, in de kroeg ernaast het bier. En God zag dat het goed was.

Rome heeft het hoogste woord. Maar niet altijd het laatste. Op de grens van de Romaanse en Germaanse rijken verloor Rome zijn stem aan de protestanten. Godsdienstig werd Nederland in tweeën verdeeld. Dat weet ik omdat ik veel lezingen geef. Zet ik een vlaggetje op elke plaats van de kaart waar ik een lezing heb gegeven dan ontstaat (net als bij andere sprekers) een kaart van het Twaalfjarig Bestand (1609-1621). De meeste vlaggetjes staan in het protestantse kamp, waar de gave van het woord wortel schoot en men er nog steeds aan gewend is 's zondags met z'n allen bijeen op houten banken of stoelen naar die ene spreker op de kansel te luisteren. Aan Spaanse zijde, waar nog steeds de katholieken huizen, heeft men wel wat leukers te doen. Daar praten ze liever met elkaar en drinken ze het bier waarin de kerk niet geïnteresseerd is. Als ze al naar de kerk gaan is het voor een kleurrijke mis en schamen ze zich niet om na afloop naar de

In het Zeeuwse Waterlandkerkje grenst Nederland aan België,
de kerk aan de kroeg.

aanpalende kroeg af te zakken. Aan carnaval wordt er beter
de hand gehouden dan aan de vasten.

De sociale verschillen tussen het protestantse en katholieke volksdeel worden in de kroeg sterk uitvergroot. Grootste
kloof is de kwestie van het schuldgevoel. Katholieken kunnen zó van de kroeg de bijbehorende kerk in om zich in de

biecht van hun zonden te laten bevrijden, veel protestanten blijven er levenslang onder gebukt gaan. Oprecht berouw en een paar weesgegroetjes doen wonderen voor het katholiek humeur. Je kon er volgens G.K. van het Reve zelfs een voorschot op nemen:

Weer te veel gedronken, God, godverdomme. Ik ga er van af, het moet, ik zweer het. Gij die was en is en zijn zal, ik houd op met drinken, ik zweer het voor Uw aangezicht. Maar wanneer precies, dat weet ik nog niet.

Zou dat niet helpen dan kun je altijd nog op bedevaart. Ik heb weleens een stukje van zo'n boetedoening gelopen. Nog nooit heb ik zo veel mooie kroegjes achter elkaar aangetroffen als op weg naar Santiago de Compostella. Het deed me denken aan de Stille Ommegang in Amsterdam. Eens per jaar lopen gelovigen uit het hele land daar zwijgend door de nacht om het Mirakel te gedenken van 1345, toen een stervende man de hostie die hem bij de laatste sacramenten was toegediend weer uitbraakte. Het braaksel werd in het vuur geworpen maar de hostie bleek de volgende dag ongeschonden, hagelwit. Hij werd naar de pastoor gebracht, om vervolgens weer op wonderbaarlijke wijze terug te keren naar het huis van de zieke. Op deze plek werd later een kerk gebouwd – de Heilige Stede – waarvan na de verwoestingen bij de aanleg van de metro alleen de 'Mirakelkolom' rest. Van hier gaat de Stille Ommegang door de hoerenbuurten terug naar het Spui. Voor vrouwen werd dit onbetamelijk geacht, zo 's nachts met al die hoeren, voor mannen was het een buitenkans. Met treinen en bussen werden ze uit de verste hoeken en gaten aangevoerd. Onderweg gaven ze elkaar door welke cafés na de Stille Ommegang het eerst open zouden zijn: De Zon en De Tramhalte op de Nieuwmarkt voor de hoeren van de Oude Zijde, Karpershoek en Het Sterretje op de Martelaarsgracht voor die van de Nieuwe. Als bewoners van andere planeten keken de boeren en de vaste alcoholisten elkaar aan. Maar de dorst was dezelfde. Zelden was het in het pretoeristentijdperk drukker op de Wallen dan met de Stille Ommegang, zelden werden de glazen zo snel achterovergeslagen, zelden waren kerk en kroeg zo innig één. Een mirakel.

De rest van het jaar hebben de 'boeren' uit het zuiden evenmin te klagen. Het caféleven is er fleuriger dan in het noorden en vooral openlijker. Kerk en kroeg lopen er gemakkelijker in elkaar over. Elke zondag, maar vooral toch tijdens het vrolijkste voortbrengsel van de katholieke kerk, het carnaval. Uit angst voor het beest in de mens laten de zuiderlingen hun beest dan drie dagen lang zo grondig uit dat het de overige driehonderdtweeënzestig dagen op apegapen zou moeten liggen. In die drie dagen is het verschil tussen katholieken en protestanten duidelijk te horen aan de oevers van de Grote Rivieren. Terwijl flarden gejoel en hoempapa vrolijk vanuit het zuiden over het water aanwaaien hoor je in de huiskamers van de protestantse dorpjes langs de noordelijke dijken slechts het ritselen van de krant en het geknisper van kaakjes bij de thee. Mariakaakjes, dat dan weer wel.

Toch zijn die calvinisten met hun geworstel mij als katholieke jongen het liefst. Zij mogen het niet, maar kunnen het niet laten. Heen en weer geslingerd tussen dorst en schuldgevoel drinken zij, de hoeders van het woord, in stilte. Vertonen katholieke drinkebroers de onnozele blijdschap van een jonge hond, de christelijke mannenbroeders hebben het dubbelzinnige van een oude kat. Van hun schuldgevoel smeden de calvinisten een verfijnd genoegen. Zij doen stiekem. Op zoek naar de bronnen van het geluk lopen veel mensen deze eenvoudige manier om het genot te verdiepen straal voorbij. Heimelijke genoegens zijn de beste genoegens. Daarom zijn de kroegjes van de Hollandse Bijbellinie zoals ik ze graag zie – een eindje van de kerk, verscholen achter een dijkje, in een oude hoeve ingebouwd. Hier drinken de mannenbroeders zich moed in voor wat hun na het aards bestaan te wachten staat, beladen met zonden en verlicht met jenever. Als een vegetariër die een Hemaworst wegslikt – te snel, het zuur komt boven – legen ze hun kelkjes voordat hun god het ziet. Er komen blosjes op de konen, niets lost zo snel op in alcohol als schuldgevoel, en de mannen slaan aan het verbroederen. En dan op de fiets en hopen dat de Here je niet laat vallen.

Al heb ik het nog nooit netjes nageteld, toch kan ik me niet onttrekken aan de indruk dat er in calvinistische streken minder kroegen maar meer slijterijen zijn. Die slijterijen hebben er een achterom. Maar in Lexmond hadden de mensen volgens plaatselijk historicus Walter van Zijderveld bij hun onlangs gesloten slijterij een probleem. Die zat vast aan het café De Drie Snoecken.

Een gewetensvolle kerkganger, beducht voor buurtpraatjes, kon daar niet zomaar naar binnen stappen en een fles jenever of advocaat kopen. Iemand in het Lexmondse buitengebied had daar iets op gevonden. Aan de postbode vroeg ze of hij een fles mee wilde nemen voor haar man. De postbode wist dan genoeg en bij zijn volgende bezoek werd de fles thuisbezorgd en was de postbode een fooitje rijker.

In het deel van Nederland met veel vlaggetjes zie ik ze na het houden van een lezing nog weleens achterom de zaal verlaten, naar het café een eindje verderop, om te doen wat ze van zichzelf niet mogen. Bijna liefkozend kijk ik ze na. Ze hebben het harder nodig dan ik.

Hoelang nog? Het christendom taant, althans in Nederland. Met de kerken verdwijnen hun kroegen. Maar de hemel kent meer goden dan Jezus Christus, Zijn Vader en de Heilige Geest. Waar kerken verdwijnen verschijnen moskeeën. Zelfs op tot dan toe ongewijde grond worden moskeeën gebouwd. Maar daar komt zelden een kroegje naast. Moslims verfoeien alcohol. In Arabische landen met een moslimmeerderheid is het zelfs verboden, al wil de ironie dat alcohol een Arabisch woord is. 'Al' duidt op het giftig metaal antimoon, 'kuhl' is de houtskool waarmee ook Europese vrouwen hun ogen aanzetten. Uiteraard houden stadsplanners rekening met de nieuwe hiërarchie van moskee, kerk en kroeg. Bouwden ze een eeuw geleden eerst een kroeg als Sportzicht of Hengellust als eerste levensbehoefte in een onontgonnen veld en daarna pas de nieuwe Aalsmeerse of Uithoornse woonwijk eromheen, in nieuwe wijken met veel moslims heeft het leven daar weinig behoefte aan. Gevestigde cafés in oude wijken zien de nieuwe gelovigen met zakelijke zorgen aan. Jaren nadat de immense St-Willibrorduskerk tegenover café Amstelvaart werd gesloopt, trokken steeds meer moslims de buurt in. De barman had er een hard hoofd in. 'Hoe moet ik bier en jenever verkopen aan mensen die geen alcohol mogen?' verzuchtte hij. 'Dan verkoop ik nog liever ijsjes aan de Eskimo's.' In 2017 had hij de moed opgegeven. Ik stootte er lelijk mijn neus; heel het prachtige interieur was verdwenen. Om me van de schok te herstellen vroeg ik een jonge met ijs. Dat had de nieuwlichter niet. Met een 'En het was hier vroeger zo'n nette zaak' verliet ik nuffig het pand voor het laatst.

De christelijke kerk heeft in Nederland niet veel meer te zeggen. Althans, dat zou je denken. In werkelijkheid is de kerkelijke moraal allang verankerd in de wereldlijke wetten. Veel van onze wetten – over moord en doodslag, over diefstal en bedrog – waren er zonder kerk ook wel gekomen, maar als je even in het wetboek knijpt druipt er een vette saus van christelijk fatsoen uit. Hier en daar heeft de saus het recht zelfs verdrongen. Hoe kwam anders het wetsartikel over het dronken voeren van kinderen onder de zestien in het hoofdstuk 'misdrijven (overtredingen) tegen de zeden' tussen de pornografie, de dierenmishandeling en het zingen van voor de eerbaarheid aanstootgevende liederen terecht? Liederlijkheid, onfatsoen en godslasterlijke taal wogen zwaarder dan ziekte of armoe.

De eerste drankwet (1881) was het vooral om de beteugeling van de openbare dronkenschap te doen. Tappen en slijten waren voortaan alleen met een vergunning toegestaan. Inderdaad viel er heel wat te beteugelen. Na de opkomst van de goedkope aardappeljenever was de jaarconsumptie van sterke drank bijna verdubbeld tot tien liter per persoon. Amsterdam telde per duizend inwoners vijfmaal zoveel kroegen als nu. 'Menig regtschapen werkman' werd volgens het voorlopig verslag van de wetgever, 'een dronkaard omdat hem op alle uren van den dag, waar hij zich ook bevindt, schier bij elken voetstap, de jeneverflesch wordt voorgehouden'. Op het platteland was het niet beter. 'Een simpele rondgang over het Drentse platteland' leerde het *Maandschrift voor Nederland en koloniën* dat een 'gehucht ter grootte van zes tot tien woningen al groot genoeg is voor één

Zeezicht, Zwin, Zeeland.

tapperij, en bij een kern van tien of vijfentwintig woningen telt men er al gauw twee of drie.' Zowel in de steden als in de dorpen wordt in de kroegen het loon opgezopen dat er even tevoren werd uitbetaald.

Voordat de wet ingreep ageerden dominees, priesters en doktoren in bonden en verenigingen zoals de Vereniging tot Afschaffing van Sterke Drank, de Volksbond en de Nationale Christen-Geheelonthouders Vereniging. Bij gebrek aan televisie en internet werd de natie bedolven onder de lucifersdoosjes, kalenders, ansichtkaarten, brochures, affiches, folders, sinaasappelpapiertjes, bladwijzers, sluitzegels, schoolboekjes en ander propagandamateriaal. En natuurlijk stichtelijke rijmen:

O mocht zóó ied're vader 't weten
Die nu naar kroeg en kaartspel loopt,
Wat levensvreugd men, t'huis gezeten,
Om niet aan eigen haardstee koopt.

Geheelonthouders trokken ten strijde onder het motto 'ach vader lief toe drink niet meer!', beter bekend in de satirische versie met 'acht' in plaats van 'ach'. Door de sociale ellende onder de drinkende arbeidersklasse werden de drankbestrijders als vanzelf in de armen gedrongen van de socialisten, die aan hun vijanden Kerk en Kapitaal de K van Kroeg toevoegden. In een brochure van 1897 stelde socialistisch voorman F.J. Domela Nieuwenhuis het alcoholisme op één lijn met het kapitalisme. 'Het degradeert de werkenden tot willoze slaven die zich laten uitzuigen en onderdrukken en voor een borrel tevreden weer buigen onder het slavenjuk.' Uit wederzijdse genegenheid vertoonde de Vereniging tot Afschaffing van de Sterke Drank zich elk jaar grif op de 1 mei-parades. 'Drinkende arbeiders denken niet,' hielden ze de enthousiaste menigte voor, 'denkende arbeiders drinken niet.' Toch begon de K van kroeg bij de socialisten te krimpen. Droeg Willem Drees nog trots zijn blauwe knoop, het kabinet-Den Uyl lustte er wel pap van. Minister Vredeling reed met zijn dronken hoofd paaltjes omver, staatssecretaris Van Dam daalde 'klapwiekend van de whisky' vliegtuigtrappen af. Hans Gruijters zat nog eens bezopen mijn vriendin achterna in zijn eigen café C'66, boven de beruchte Bamboo Bar. Overal in het land doken de politieke cafés op, meestal van linkse huize. Eindelijk was men tot het inzicht gekomen dat drank niet zozeer de oorzaak als wel het gevolg was van sociale ellende. 'De geheelonthouders hebben gelijk,' begreep Simon Carmiggelt, 'maar alleen de drinkers weten waarom.'

Ondertussen ploegde de wetgever voort. Zoals de geheelonthouders hun blauwe knoop droegen, moesten allesschenkers voortaan een emaillen bord op de gevel voeren met daarop aangegeven de verleende vergunning. Met een 'tapvergunning' mocht je sterke drank schenken, wilde je die ook per fles verkopen dan had je een 'volledige vergunning' nodig. 'Verlof A' gaf je het recht bier of wijn te schenken en het enige duidelijke voordeel van het 'verlof B' was dat je een officieel bord naast de deur had. Overdracht van vergunningen en verloven was aan strikte regels gebonden. Het hele stelsel was voornamelijk opgetuigd om het aantal tappunten per gemeente in te perken.

Na het failliet van de Amerikaanse drooglegging werden morele normen en waarden in de drankwetten weggepleisterd onder neutralere deugden als openbare orde en volksgezondheid. In plaats van een morele maatstaf kon een concreet meetlint worden aangelegd. Uitgerekend deze objectiviteit heeft tientallen van de mooiste cafeetjes de kop gekost. Bij wet van 1967 werd bepaald dat een café minimaal 35 m² vloer moet hebben. Aan die eis konden juist de fijnste knijpjes niet voldoen. Als noodmaatregel werden privéopkamertjes, kasten en trappenhuizen uitgebroken en meegeteld. In café Oosterling werden de tonnen van het drankorgel van de vloer getakeld. Maar dan moest er wel voldoende ruimte overblijven voor een gescheiden heren- en damestoilet, met tussenruimte. Was dit gelukt dan moest je ervoor zorgen dat 'van ieder punt van een lokaliteit uit bij voortduring een deel van de lokaliteit met een oppervlakte van ten minste 15 vierkante meter kon worden overzien'. Protesten volgden, aanpassingen werden gedaan, overgangsregelingen ingesteld, maar het kwaad was al geschied. Terwijl de afbraak van de oude steden en dorpen hier en daar afremde en monumentenzorg de holste kiezen langs grachten en pleinen vulde, sloopte de staat als zedenmeester de mooiste monumentjes van klein menselijk geluk.

Diep was ook de ingreep buiten het dranklokaal, op straat, waar dronkenschap automatisch 'openbaar' heet. Hier hoeft de arm der wet niet zo lang te zijn en hier vallen de meeste drankslachtoffers. In het verkeer. Dronken rijden is dan ook strafbaar. En terecht. Maar hoe meet je dronkenschap? Lange tijd leek dat eenvoudig. Om te meten of je dronken was moest je dingen doen die je alleen nuchter kan: over een rechte streep lopen, helder uit je ogen kijken, duidelijk spreken. Maar hoe moet je die kwantificeren? In liters? Kilo's? Graden? Wat je wel een maat kunt geven is de concentratie alcohol in je bloed. Maar zo'n medische bepaling kun je niet aan de agent van dienst overlaten. In plaats daarvan meet hij het alcoholgehalte in de adem die je uitblaast. Met een pijpje.

Dat is opmerkelijk. Aan een ademtest kun je niet zien hoeveel thee of appelsap je hebt gedronken. Bij alcohol kan dat wel omdat deze stof niet alleen gemakkelijk in bloed oplost maar er in de longen ook gemakkelijk weer aan ontsnapt. Een drinker ademt alcohol uit; behalve passief meeroken kan een omstander ook passief meedrinken. Bij een blaastest is het het pijpje dat meedrinkt. Is het gehalte te hoog dan mag je uiteraard niet meer autorijden. Dat zal je leren. En vele anderen met jou. Dankzij 50.000 alcoholcontroles per jaar is het aantal overtreders gehalveerd. En dankzij Sjakie Schram, die met zijn 'Glaasje op, laat je rijden' het succes evenaarde van zijn 'Tante Mien, mag ik je poesje nog eens zien, je poesje nog eens zien'. Toch zou het wellicht beter zijn als de politie in plaats van de alcohol in de bestuurder de brandstof in de auto mat. Een mens wordt immers niet door een bestuurder maar door een auto aangereden. De meeste verkeersslachtoffers bliezen de laatste adem uit na een fatale ontmoeting met een nuchtere bestuurder in een volgetankte auto. Terwijl het aantal cafés en consumpties de laatste jaren afneemt stijgen het aantal auto's en tankbeurten ongecontroleerd. Liever bekeurt men een dronken wandelaar dan een nuchtere automobilist. Dat is geen risicoanalyse maar een kwestie van fatsoen.

Persoonlijk ben ik als eenvoudig voetganger minder bang van een sigarettenroker, zachtjes rochelend, dan van een kerngezonde auto die vol airbags, met kokerbalken en kreukelzones beveiligd op mij afstormt. Elk jaar belanden meer mensen door – hoe zal ik het zeggen, passief rijden? – in het ziekenhuis dan door passief roken. Honderden voetgangers en fietsers moeten elk jaar de ongelijke strijd met hun leven bekopen. Als er iets ongezond is, is het de auto wel. Maar er is geen minister die er werkelijk iets aan doet.

Met de wet valt best te leven. Als ze maar niet voor mijn bestwil is. Betutteling. Waarom moet een café een aparte wc hebben voor mannen en vrouwen? Wat denkt de wetgever dat wij in wc's doen? En hoe moet een klein café aan die malle eis voldoen? Nu nog is te zien hoe men zich voor de wet van 1967 in bochten heeft moeten wringen. Soms letterlijk. In De Zwart nam men zijn toevlucht tot een schuifdeur. Daarachter heb je links de dames, rechts de heren, met een piepklein halletje ertussen. Zit er een dame links en wil er rechts een heer uit terwijl iemand middenin staat te bellen dan is het bij je entree als vierde niet eenvoudig een choreografie te verzinnen die aan alle intenties tegemoetkomt. Hoe

Het mooiste urinoir van Utrecht vind je bij Van Wegen. Schrijver Ingmar Heytze (rechts) ging u voor.

is het A.F.Th. met zijn postuur altijd weer gelukt? In Chris, wellicht het oudste café van de stad, werd voor honderdduizend gulden verbouwd en nog paste de stortbak niet in het toilet. Hij hangt nog steeds in het eigenlijke café, tot plezier van klanten die in het café doortrekken terwijl een kennis ernaast nietsvermoedend op de pot zit. Vaste bezoekers plassen elders in het pand, waar een nieuwe heren en dames zijn aangebracht.

Bij het inwerkingtreden van de wc-wet waren er ook cafés geheel zonder. Bij De Wenteltrap (nu Belgique) gingen de heren even naar buiten, naar de krul bij de Nieuwe Kerk, maar voor wie dat niet haalde hadden de overburen een blinde muur.

Als er dan toch twee toiletten moeten wezen, laat een daarvan dan een urinoir zijn. Prachtige exemplaren zijn te bewonderen bij café Van Wegen (Utrecht) en De Ster (Amsterdam). Er valt weleens een drupje naast, maar dat risico is bij urinoirs inbegrepen. Wie er weleens met een korte broek gebruik van heeft gemaakt is een ervaring rijker. Bij De Engelse Reet hadden ze een heuse scheenbeschermer aangebracht, van graniet, maar daar is met de tweegeslachten-wc-wet geen plaats meer voor; een goed adres voor een betegeld exemplaar is 't Trefpunt in Roosendaal. Echt helpen doet zo'n beschermer gelukkig niet. Een cafétoilet moet toch iets morsigs hebben. In Oosterling schrik je je dood. Schuif je er de schuifdeur in het heerlijke schemercafé open dan word je verblind door een 21-eeuwse badkamerfolder. Een klap in je gezicht. Het toilet moet in dezelfde sfeer zijn als de rest van de zaak. In Welling dachten ze ooit het toilet, verscholen achter een decent gordijn, bij de tijd te brengen door de muren helemaal tot boven te betegelen, maar iemand had ze door. Op het allerlaatste stuc stond: 'Alles geregeld, alles betegeld'. Liefst ben ik, als ik nodig moet, in de buurt van Wiener, een door de meeste toeristen over het hoofd gezien café op de Wallen, met een wc als vroeger, een halve eeuw geleden, thuis: de pot gebarsten, een vage notie van ooit wit te zijn geweest, een wirwar van afgeknepen loden pijpen en raadselachtige kranen uit een tijd van onbevreesdheid voor bacteriën. Niet zonder weemoed denk ik er terug aan Manke Tante Riekie, in haar kroegje op de hoek van Linden- en Lijnbaansgracht, waar je als man uiteraard op dezelfde wc moest als de vrouwen, getuige de zinken emmer met het opschrift in hanenpoten: 'B-doeken in het Emertje'. Met mijn laatste druppels sluit ik de dag af bij café Hegeraad op de Noordermarkt, waar een bord VERBODEN TOEGANG je de weg wijst naar een allerliefst urinoir in een kast om nooit meer uit te komen.

Sinds de keuze bestaat, heb ik weleens een blik in een damestoilet geworpen. Het werd een desillusie. Alles eigenlijk hetzelfde. Zo veel verschil in anatomie is er nu ook weer niet. Vanwaar toch dat malle gedoe met een D en een H? Thuis heb je toch ook geen gescheiden toiletten, in de trein zit je toch ook op dezelfde pot? Er is hier duidelijk sprake van een atavisme, een zinloos geworden overblijfsel uit de tijd dat mannen en vrouwen ook hun eigen wachtkamer, strand of ziekenzaal hadden. Wie zich daar niet aan hield was onfatsoenlijk. Het scheiden van mannen en vrouwen is fatsoensrakkerij. Angst voor seks.

Angst voor seks is heel normaal. Alle dieren hebben er last van. Om seks te bedrijven moet je heel dicht bij elkaar komen en dat is eng. Dieren houden liever afstand. Net mensen. Muizen zijn bang voor muizen, vinken vrezen vinken. Ze lijken zo sociaal als ze uitzwermen, de vinken, maar eenmaal op een telefoondraad houden ze angstvallig afstand van elkaar. Welke afstand, dat hebben biologen nagemeten: achttien tot vijfentwintig centimeter, voldoende opeen zodat er flink wat vinken op een draad passen, ver genoeg uiteen om geen ruzie te krijgen. Goed geregeld. Tot het lente wordt. Tijd om te paren. Opeens zit het onderling wantrouwen lelijk in de weg. Hoe maken ze die buffer ongedaan? Dat is elk voorjaar te zien, wanneer de vinken mooie veren krijgen, het hoogste lied aanheffen en dansen door de lucht. Hoe meer ze zich zo aanstellen, des te dichter komen ze bij elkaar, tot aan het innigste contact. Vandaar dat er nog steeds vinken zijn.

Mensen zijn er ook nog steeds. Die doen het net zo, met opsmuk, dans en muziek. Maar behalve afstand moeten ze ook schaamte overwinnen en fatsoen. Gelukkig beschikt de mens over een bijzondere genade. Drank. Een van de eerste dingen die door de drank worden aangetast is het gevoel

voor afstand. Kijk maar. Eerst zie je een jongen op een barkruk en een meisje op de kruk daarnaast. Ze bestellen drank.
En nog eens. En nog eens. En zie: met elke consumptie neemt
de afstand tussen beiden af, centimeter voor centimeter, tot
ze elkaar in de armen vallen. Zelf hebben ze het niet in de gaten, maar drank werkt als een trekveer. Dat het echt aan de
alcohol ligt is eenvoudig aan te tonen. Ga nuchter zitten
naast een dronkenlap. Blijf nuchter tot hij een paar borrels
later met zijn tong zo'n beetje in jouw oor lalt. De hoogste
tijd om er zelf een te nemen.

Met alle drank bij de hand lijkt het café het ideale vinken-
draad voor mensen. Hier vinden Wein, Weib und Gesang elkaar, seks, drugs en rock-'n-roll. In mijn tijd golden P-cafés

In Damzicht kon je lachen, Dam, Middelburg.

zoals De Pels en De Pieter als goede baltsplaatsen in Amsterdam. Meestal kwam je onverrichter zake in een nachtcafé zoals De Klepel terecht. Tegen sluitingstijd bleek het verlangen gestegen maar het vermogen gedaald. Een café is een tempel voor de droom, niet voor de daad. Eenzamer dan ooit ging je naar huis. 'Hij had zo graag meegewild,' schreef Yvonne Kroonenberg over mannen zoals ik, 'maar niemand is hem komen halen.'

Er hangt een geur van seks om het café maar in de buurtkroeg hoef je voor seks niet te wezen. Als maagd heb je hier weinig te vrezen, zo preuts gaat het eraan toe. Er worden wel ongepaste opmerkingen gemaakt, schuine bakken verteld en misschien zelfs tikken op een bil gegeven, maar in wezen is de buurtkroeg een uitgesproken burgerlijk instituut. De sociale controle houdt vrijwel iedereen in toom. Er worden in het café meer borreltjes gedronken om huwelijken uit te zingen dan om ze aan te knopen. Iemand je bed in lokken is zo moeilijk niet met een glaasje erbij, hem er weer uitkrijgen is lastiger; sommigen zitten vijfentwintig jaar en duizend biertjes later nog steeds met elkaar opgescheept.

Op hun tournee brengen artiesten van het Manresa Circus in Maastricht
een bezoek aan café In den Ouden Vogelstruys aan het Vrijthof.

8

De kroegtijger

Het café naast mijn huis heette tot voor kort De Natte Krant. Vlak voor de opening, jaren geleden, hebben ze de muren bij gebrek aan behang met natte kranten beplakt. Dat drinkt niet lekkerder dan bloemetjesbehang, schrootjes of stuc, maar het is een goede naam. Alleen al van zo'n naam raak je in een net iets betere stemming. Voorbijgangers gniffelden. Gelukkig hebben we in Weesp café Het Helletje nog.

Doodgewone namen zijn ook goed. Hoe gewoner hoe beter. Een café dat Het Hoekje heet of Café Sport, daar kun je blindelings naar binnen lopen. Hoogstwaarschijnlijk tref je binnen een biljart, een barretje, wat mannen in geruite hemden en de lucht van gehaktballen. Meer heb je niet nodig. Van Amsterdam herinner ik me vier Hoekjes met plezier en degene die ik me niet herinner waren wellicht nog leuker. Als bakens van pretentieloosheid telde de stad bij de laatste census ook vijf Pleinzichten, drie Trefpunten en ook driemaal Marktzicht. Om ze uit elkaar te houden heten ze bij hun gasten natuurlijk niet zo, maar naar de eigenaar. Zorg er als baas van zo'n kroeg voor dat je Jan of Wilma heet. Met een naam als Eugène of Marie-Thérèse wordt het niks in zo'n pretentieloze tent. In Utrecht gaan de mensen nog graag naar Willem Slok of Dikke Dries, ook al zijn de betreffende kasteleins nog slechts een legende. Met zo'n bijnaam zat je gebeiteld als populair figuur. In *De Wallen in de jaren '60* noemt Raoul Serrée bijvoorbeeld Kapstok Jantje. 'Jantje was kroegbaas en had brede schouders met een smalle kop. Je had ook een man die Kop en Schotel heette, die had dan weer geen nek.' Waar nu café Bern zit, zat vroeger een van de vele cafés Populair. 'Dat werd overgenomen door Biggie Krabshuis en heette vanaf dat moment café Biggetje.' De op één na mooiste naam was Gerry Banaan, die met belegde broodjes langs de kroegen ging. Later kocht hij in de Warmoesstraat een seksshop. Die kreeg de allermooiste naam: Chiquita. De hoofdprijs voor een kasteleinsnaam gaat naar Den Haag, waar het paardengokcafé De Landbouw jaren met straffe hand werd gedreven door een struise weduwe, die 'wegens haar parmantige tred, gedrongen gestalte en omvangrijke boezem' als de 'Paarse Doffer' bekendstond.

In het café was zij een beminnelijke gastvrouw, zelfs voor de meest onstuimige gasten en losbandige dames. Door de stamgasten werd zij dan ook op handen gedragen. Met het stijgen van de stemming kreeg zij steeds meer drankjes aangeboden, vooral haar favoriete jenevertjes van Melchers, die ze hartelijk in ontvangst nam, maar na een enkel nipje schielijk onder tafel in een kan leegde, zodat ze de volgende dag aan dezelfde klanten konden worden uitgeschonken tegen het gebruikelijke tarief.

Namen kunnen heel verleidelijk zijn. Met de eerste de beste meisjesnaam – Eva – hebben al heel wat vrouwen heel wat mannen het hoofd op hol gebracht. Verleidelijker dan Eva was alleen de slang. Die betoverde haar om van de appel te eten; niet de appel maar de slang was onweerstaanbaar. Na de zondeval is zijn taak overgenomen door een hele menagerie van dieren. Onweerstaanbaar hangen ze boven de entree van onze kroegen: De Zwarte Kat, Het Witte Paard, De Gouden Leeuw, De Bonte Koe. Het verleidelijkst waren cafés als De Witte Zwaan, Het Zwaantje of De Twee Zwaantjes; daar werden dames bij de drank geserveerd. Maar aan de naam In den ouden Vogelstruys kleeft voor het beroemdste café van Maastricht geen enkele blaam. De naam is te danken aan de gevelsteen 'IN DEN VOGEL STRUYS 1730' die er al lang hing toen 'd'n ajdste café vaan Mestreech' halverwege de negentiende eeuw werd geopend. Andere dierennamen zijn historisch beter verankerd. Zo was er in Winschoten een oud paard dat niet meer over de brug kon, zodat de koetsier zelf voor de kar moest. Vanwege zijn witte haar heet het belendend café nog steeds Het Witte Paard. Het Bruine Paard in Amsterdam dankt zijn naam aan de voormalige brandweerkazerne aan de overkant van de Prinsengracht. Op een keer rukte de paardenbrandspuit uit, het paard verloor het evenwicht op de brug recht tegenover het café en de spuit schoof met paard en al door de pui het café in, een verhaal dat graag wordt opgehaald wanneer de brug 's winters spiegelglad is bevroren en de ene na de andere voetganger de weg van het paard gaat, tot aan de caféruit waarachter men geniet.

Of het paard werkelijk bruin was, doet er natuurlijk niet toe. Uithangborden stammen net als gevelstenen uit de tijd dat lang niet iedereen goed kon lezen en je een duidelijk herkenbaar plaatje nodig had. De voorraad herkenbare dieren was snel op en dan moest je ter onderscheiding kleur kiezen. De kleur op zichzelf doet er niet veel toe, het gaat om het dier. Daarin schuilt de kracht van zijn naam. Een Rode Leeuw is sterker dan een Rode Molen, een Zwarte Kat wulpser dan een Zwarte Muts. Dat is een kwestie van magie. En afgunst.

Afgunst is de ware reden waarom mensen zo lelijk tegen dieren doen. Er is bijna niets of een dier is er beter in dan wij. Olifanten zijn sterker, papegaaien mooier, stieren potenter. Onuitstaanbaar. Primitieve volkeren laten dat niet op zich zitten. Zij eten het dier dat hun afgunst wekt op. Iets van de snelheid van een gazelle, de blik van een arend, de sprong van een bok moet volgens hun overtuiging met het vlees mee in de mens overvloeien. Ons wordt deze gedachte tegengemaakt door de voorlichtingsbureaus voor de voeding, die in al die dieren alleen eiwitten, vetten en koolhydraten aantreffen. Geen ziel te bekennen. Dieren eten is nergens goed voor.

Later bleek het wel zo gemakkelijk om alleen de naam van het benijde dier te gebruiken. Zo ontstonden in navolging van opperhoofd Zittende Bizon mevrouw en meneer De Vos. Iedereen vindt het vanzelfsprekend dat Bisonkit beter hecht dan gewone lijm en een Gazellefiets harder kan dan een van de Hema. Maar het verbluffendst komt het moderne geloof in dierennamen boven op feestjes en partijen. Komt er een mooi meisje op je af, zegt ze dat ze een Steenbok is. Niet dat ze Steenbok heet, maar dat ze er een ís. 'Bent u een Maagd?' – 'Nee, Vissen,' geldt in de 21e eeuw als een beschaafde conversatie.

Socialisten putten vanouds kracht uit een haan. Hun omroep, de VARA, voert een rode haan in zijn wapen als teken van strijdbaarheid; hanen zijn gemakkelijk op te hitsen tot gevechten op leven en dood. Op de radio werden felle discus-

De lokroep van een pauw is onweerstaanbaar. Hoefkade,
Den Haag.

sies gevoerd in het programma *In de Rooie Haan*. De arbeiders thuis aan het toestel namen aan dat die titel figuurlijk
was bedoeld, maar niets was minder waar. Politici en journalisten dronken er om het hardst. *In de Rooie Haan* was
'meer dan alleen maar een modieuze naam', wist ook NRC
Handelsblad. Het is een café met pils, sherry en jenever, een
'tamelijk openbaar lokaal, waar de sfeer zo prikkelend is dat
ministers zelf opbellen met de vraag of ze welkom zijn'.

En? Helpt het, die namen? Weten de dieren hun kroegen te
bezielen? In België lijkt dat aardig te lukken. Hier wijzen de
beesten de weg, leerde Rinskje Koelewijn in Antwerpen:

Wat ik pijnlijk vind om te zien is hoe de stad zijn best doet hip te zijn. Overal koffiebars met barista's, die tjokvol hipsters zitten met hun laptop. Ik drink graag een bolleke in een ouderwetse bruine kroeg. De clientèle is een goede mix tussen jongelui en locals die zo plat Antwerps praten dat ik ze al bijna niet versta. Vroeger kon ik er nachten verblijven. Toen ik mijn favorieten eens ging opschrijven, ontdekte ik dat ze allemaal dierennamen hebben. De Kat. De Pelikaan. De Haan. Mijn advies aan Nederlandse toeristen is: kies een kroeg met een dierennaam, dan zit je altijd goed.

Ik weet niet of ik Belgische toeristen even stellig op jacht naar cafédieren zou sturen, maar persoonlijk kan ik iedereen een uitstapje aanraden naar De Mug in Middelburg, Bruintje Beer in Appingedam, De Groene Olifant in Amsterdam (vlak bij Artis). In Laren (NH) worden de alcoholische gewekt door t' Bonte Paard en even verderop waargemaakt in een juweel van een kroegje, De Bijenkorf. Klinkende namen! Maar dekt de vlag de lading of schuiven we de dieren ons soort dorst in de schoenen? Houden die dieren zelf van drank? Bestaan er kroegtijgers of pimpelmezen? *Any barfly on the premises?*

Een bruine beer of groene olifant kom je niet vaak tegen in de kroeg, maar muggen zijn er zat. Met het bloed van de cafébezoekers moet een mug bij elke steek wat alcohol mee naar binnen krijgen. Wordt hij daar dronken van? Als de drank van de mens een beest kan maken, wat maakt hij dan van een beest? Wordt een mug een olifant? 'Nee,' zegt muggenexpert Bart Knols stellig in het biologenvakblad *Bionieuws*:

Indien muggen een grote hoeveelheid alcohol binnenkrijgen gaan ze natuurlijk gewoon dood. Maar de hoeveelheid alcohol die circuleert in de bloedbaan, zelfs bij een straalbezopen individu, is verre van wat nodig is om een mug het loodje te laten leggen. Was het maar zo, dan zouden comazuipers goed bijdragen aan de muggenbestrijding. In de natuur nemen muggen vaak sappen op van rottend fruit. De alcoholconcentratie is door vergisting ongetwijfeld vaak hoger – meer dan 1 procent – dan wat ze bij een dronken persoon – circa 0,2 procent – binnenkrijgen.

Kennelijk weet een mug de alcohol tijdig af te breken of uit te scheiden. Als hij er al dronken van wordt, laat hij dat niet merken. Maar muggen zijn niet het benijdenswaardigst. Fruitvliegen kunnen er nog beter tegen. In het zomers zonlicht zie je ze wolksgewijs dansen boven de schaal met niet op tijd gegeten meloen, banaan en druiven. Het gewone bananenvliegje (*Drosophila melanogaster*) gedijt het best in een atmosfeer met 4 procent alcohol – de sterkte van een flesje Grolsch of Heineken. Andere insecten worden door de sterke dampen afgeschrikt, maar *Drosophila* komt er juist op af. Zo is de concurrentie bij voorbaat uitgeschakeld en profiteert hij van de suikers in het gegiste sap. In het wild zie je weinig dronken fruitvliegjes. Er is daar rot fruit te over, maar dat is ze te slap. Voor sterker spul volgt de vlieg de mens met zijn fruitschalen en vooral ook zijn wijnkelders en brouwerijen. Hier is een waar ras van drinkers uitgeselecteerd. Deze maken meer enzymen aan om de alcohol te temmen. In het laboratorium kun je fruitvliegjes kweken voor verschillende alcoholgehalten. Mutant *cheap date* kan nergens tegen, die heeft er de genen niet voor, maar mutant *happy hour* maakt voldoende alcoholdehydrogenase (ADH) aan om elke vlieg onder tafel te drinken. Om zo'n superras te kweken laat je alleen de strafste drinkers aan de voortplanting deelnemen. Binnen vijfentwintig generaties drenken de supervliegen zich dagenlang in alcoholsap van 18 procent. Tegenover deze kampioenen telt het laboratorium echter heel wat mindere goden die 'de afname van hun motorische vermogens op overtuigende wijze waggelend en omvallend tentoonspreiden, net als dronken mensen die wankelen en vallen'. Om de sterksten te selecteren lieten de onderzoekers hun insecten opvliegen in een reeks trechters boven een plas sterke alcohol. Wie in deze 'inebriometer' het hoogst kwam kon er het best tegen en mocht mee naar de volgende voortplantingsronde. Bij andere proeven bleek alcohol overigens ook voor fruitvliegjes een tweesnijdend zwaard: mannetjes die het vaakst door de vrouwtjes werden afgewezen gingen het vaakst aan de drank.

Al deze wetenswaardigheden zou je als *just that* terzijde kunnen leggen ware het niet dat de drank bij hogere organismen op precies dezelfde wijze inwerkt. Hooguit zijn de gevolgen bij dieren soms ingrijpender, vooral als het vliegende dieren betreft. Vliegen gaat nog slechter met alcohol dan rijden. Het begint met een onzekere vleugelslag wanneer de kramsvogels en koperwieken in de herfst van de gegiste duindoornbessen hebben gegeten; niet veel later fladderen ze brooddronken langs de bosrand. Hun gekwetter is luider dan normaal. Voor twee pestvogels kwam de alcoholcontrole te laat; ze waren dood van het dak gevallen met – zo bleek achteraf – tien- tot honderdmaal te veel alcohol in de lever. In Stuttgart werden bij het dierenasiel eens een mus, een merel en dertig duiven afgeleverd om hun roes uit te slapen. De dieren waren opgevallen doordat ze wezenloos op de grond lagen, niet probeerden weg te vliegen en zich door voorbijgangers lieten vangen. Later bleek dat ze rijstkorrels hadden gegeten die, waarschijnlijk door een vogelhater, in alcohol waren gedrenkt. Na ontnuchtering mochten de vogels het asiel weer verlaten. Daarmee hadden de slachtoffers van de vogelhater meer geluk dan de duizenden slachtoffers die elk jaar door vlinderliefhebbers worden gemaakt. Om hun vlinders lief te hebben smeren deze bomen in met een mengsel van suiker, bier en rum. Magazijnen vol dozen met opgeprikte vlinders getuigen in de zoölogische musea van de gretigheid waarmee de insecten zich op de alcoholica storten. Wie er na deze aanblik nog niet van overtuigd is dat alcohol het leven te na staat kan in de rest van het museum terecht: nog veel meer dode dieren, deze op sterk water. Tot over hun nek in de alcohol.

Niemand, ook geen dier, drinkt uit verlangen naar de dood. Meestal zijn er problemen met het leven. Vooral samen leven kan lastig zijn. Zelfs varkens en ratten raken ervan aan de drank. Die lijken sociaal dan ook het meest op ons. In het gedragslaboratorium zijn ze met het grootste gemak aan de drank te brengen. Ook de leider van de varkens bij een onderzoek aan de Universiteit van Missouri, tuk op gin met jus d'orange, zwalkte lallend door het kot. Het varken op de derde plaats van de rangorde maakte hier onmiddellijk gebruik van en nam de plaats in van de leider, die zich hierop tot geheelonthouder moest bekeren om de gunsten van zijn ondergeschikten terug te winnen. De ratten van de Universiteit van Californië lieten zich niet allemaal verleiden. Elk had een eigen vertrek met een eigen bar. De bar had zes tuitjes. Uit drie ervan kwam een alcoholhoudend anijsdrankje, uit de andere drie water. Hoewel de meeste ratten weleens aan de alcohol zaten werd slechts negen procent echt probleemdrinker. Met deze zatladders liep het slecht af. Zowel sociaal als lichamelijk raakten ze aan lagerwal. Zo zie je maar weer. Maar de vraag blijft waarom wat? Zakken ze sociaal omdat ze zo drinken of drinken ze zo omdat ze sociaal zijn weggezakt?

Dieren drinken. In het laboratorium. Maar dat zou ik ook doen, naar de drank grijpen, als ik in een hok van een universiteit was opgesloten met een stel psychologen. Dat je in gevangenschap raar doet lijkt me niet meer dan logisch. Wat we moeten weten is hoe het er in het wild toegaat. Hoe?

Net zo. De Amerikaanse toxicoloog Ronald Siegel heeft het voor ons onderzocht. In zijn standaardwerk *Intoxication* geeft hij talloze voorbeelden van dieren die aan de drank of de drugs zijn. Dat ze dat zijn verbaast hem niets. Het leven in het wild is geen lolletje. Achter elke boom kan een vijand schuilen, morgen kan het laatste eten op zijn, elke kraam kan een miskraam zijn. 'Red in tooth and claw' doet de wilde natuur niet onder voor de spanningen in de stadsjungle. Zie een mus tien keer om zich heen kijken voor hij één broodkruim durft op te pikken. Eén moment van onbedachtzaamheid en een konijn is het haasje. In de natuur wordt meer gestorven dan geleefd, meer angst uitgestaan dan rust genoten. Als iemand een bakkie troost of een flinke borrel kan gebruiken is het de koolmees of de kangoeroe wel. Waterbuffels trokken in Vietnam de opiumvelden in om al grazend de oorlog te vergeten, bedreigde vleermuizen behielpen zich met gegiste nectar om hun zenuwen te kalmeren, groene meerkatten jatten op het Caribische eiland St. Kitts de vrolijk gekleurde cocktails van de toeristen die hun rust kwamen verstoren. Enzovoort. Er zijn zelfs films van. Beroemd werd *Animals are beautiful people*, uit 1974 alweer. Het publiek lag krom van het lachen om de bezopen bavianen, zebra's en olifanten. Nog steeds staat het beeld me bij van de aap die de volgende ochtend met een pijnlijke grimas op herkenbare wijze naar zijn zere hoofd grijpt. Jaren later pas werd overtuigend vastgesteld dat de dieren in de film met de fles of pillen waren gedrogeerd. Dat tastte ook de geloofwaardigheid van Ronald Siegel aan. Zijn boek doet denken aan *Biological exuberance*, waarin bioloog Bruce Bagemihl betoogt dat homoseksualiteit natuurlijk is. Als bewijs voert hij honderden cases aan waarin mannetjes het met mannetjes of vrouwtjes het met vrouwtjes doen. Het zijn er bijna te veel om geloofwaardig te zijn. Eén blik in de Hollandse wei en je ziet hoe Klaartje Koe vrolijk loeiend Annabel bestijgt, één keer op visite bij de mensen met die reu die tegen je mannenbeen rijdt en de dieren hebben mijn zegen. Homoseksuele dieren, daar knapt elk bos van op. En ook de lessen natuurlijke historie op school zouden erbij winnen als tussen al die brave burgerdieren en gedweeë eierleggers die hun soorten aan het bestendigen zijn iemand eens iets anders bedacht; eindelijk een roze eekhoorn tussen al die rode en grijze. De vraag is alleen of het begrip homoseksueel op zijn plaats is. Doorslaggevend is niet de daad, maar de intentie. Klaartje en Annabel zijn niet lesbisch, ze proberen juist de aandacht van de stier te trekken. Die hond zou mijn been graag ruilen voor een loops teefje. Of al die andere dieren in *Biological exuberance* wel gay zijn dat weet ik niet. Van mij mogen ze maar het is lastig te bewijzen wat er in hun kop omgaat terwijl hun kruis in actie komt. Net zo lastig als het is om te bewijzen dat dieren drinken om gedachten of gevoelens te bezweren. Meer onderzoek kan ongetwijfeld helpen om helderheid te verschaffen, maar het kan de knoop ook verder verstrikken. In 2008 kwam de Pennsylvania State University met de bekendmaking dat je van zwaar drinken homo wordt, tenminste als je een fruitvlieg bent.

In afgesloten, doorzichtige bakjes waarbinnen de diertjes vrij konden rondlopen stopten de onderzoekers korte tijd proppen watten gedrenkt in alcohol. Het inademen van de zware alcoholdamp leidde bijna onmiddellijk tot hyperactiviteit, en al gauw daarna tot wankelen en omvallen. Het eindigde met 'sedatie': daarbij lagen de vliegjes op hun rug.

Fruitvliegjes zijn uitgesproken heteroseksueel. Mannetjes maken vrouwtjes het hof in een vast ritueel dat uitmondt in een paringspoging. Mannetjes benaderen vrijwel nooit mannetjes. De eerste blootstelling aan alcoholdamp veranderde hieraan weinig, maar bij herhaald alcoholgebruik nam de belangstelling voor het eigen geslacht sterk toe. Mannetjes die mannetjes beetpakten, werden ook zelf weer beetgepakt, zodat er uiteindelijk vele in lange rijen voortschuifelden.

Proberen wij mensen de dieren met al onze eigenaardigheden op te zadelen? Het zou niet de eerste keer zijn. Steve Morris, David Humphreys en Dan Reynolds van de Universiteit van Bristol hielden het erop dat de meeste verhalen over dronken dieren in het wild 'anekdotisch' zijn, 'gedrenkt in fabel en folklore'. Maar die anekdotes zijn wel erg talrijk en de folklore wordt in stand gehouden door grootheden als Dian Fossey, Iain Douglas-Hamilton en Charles Darwin *himself*. Het is ook lastig om de baldadigheid van dronken olifanten over het hoofd te zien. Landrovers worden speels in de lucht geworpen, akkers vertrapt, boswachters verjaagd, dit alles onder een opgewonden getrompetter dat mijlenver is te horen. Soms is het de mensen hun eigen schuld, zoals de keer dat er vijf mensen, onder wie vier kinderen, in een Indiaas dorp bij Tingri werden vertrapt en gedood nadat een dertigtal olifanten zich meester had gemaakt van enkele potten rijstbier. Soms zijn er ook drugs in het spel. Dan hebben de dieren zich volgens Iain Douglas-Hamilton te goed gedaan aan de wortels van 'certain nasty trees'.

> Hun gedrag wordt er heel anders van. Ze worden ruw en trompetteren onophoudelijk. Op 13 oktober gebeurde het dat een Land-Rover vol officieren op een kudde stuitte die net aan zo'n eetpartij deelnam. De aanvoerder van de kudde sloeg ogenblikkelijk alarm en de hele groep kwam op de auto af. Iedereen in de Land-Rover was doodsbang; hun leven hing aan een zijden draadje. De gids, Ndilana Kayange, liet de chauffeur snel zigzaggen om de woedende olifanten te ontwijken. Dat lukte op het nippertje, maar toch haalde een olifantenstier de Land-Rover in. Hij beukte met zijn slagtanden op de achterdeur en sloeg de glazen ruit aan diggelen.

David Livingstone berichtte al van olifanten die kilometers omliepen om van gegiste palmvruchten te snoepen en nog eerder, omstreeks 1830, vertelden de Zoeloes aan de Franse natuuronderzoeker Adulphe Delegorgue hoe agressief mannetjesolifanten konden worden van de plaatselijke marulavrucht. 'Mens en olifant,' schreef Delegorgue, 'delen een voorkeur voor een beetje hersenwarmte afkomstig van de in de zonnekracht gegiste vrucht.' Nog weer eerder, in de zeventiende eeuw, kon je voor een dronken olifant gewoon in Nederland terecht. Dat was Hansken, als koddig jong door Rembrandt achter Adam en Eva afgebeeld op zijn ets van het

Paradijs. Waarschijnlijk heeft Rembrandt hem in Amsterdam getekend op Hanskens rondreis door Nederland en Europa. In Arnhem deed een bezoeker of hij Hansken brandewijn wou geven maar trok toen terug. Toen het dier dezelfde man enkele dagen later weer zag gaf ze hem met haar slurf een rake klap in het gezicht.

Hansken werd vaak dronken gevoerd. Toen ze in 1646 weer eens in Holland was, betaalde stadhouder Frederik Hendrik een anker, ongeveer veertig liter, brandewijn om aan het beest te geven. Hansken was verzot op drank en dronk het achter elkaar op. Ze raakte er half van in coma. Om een van drank waggelende olifant zullen de mensen hard gelachen hebben. Dat er zo gesold werd met dieren, vond niemand erg. De mensen hadden zelfs ontzag voor de enorme hoeveelheden drank die ze in één keer kon opslurpen. Alcohol drinken was haar favoriete bezigheid. Of het om brandewijn ging of bier maakte niet uit; Hansken was er even dol op.

Met een vaatje brandewijn of bier zal het wel gelukt zijn. De vraag is echter of een olifant ook in de natuur aan zijn taks kan komen. De genoemde onderzoekers uit Bristol betwijfelen dat. Een olifant is in hun ogen te groot, de hoeveelheid alcohol in een marulavrucht te klein. Volgens hen zou een olifant van drieduizend kilo 10 à 25 liter sap met 7 procent alcohol moeten drinken om er duidelijk iets van te laten merken. Al zou hij viermaal zoveel marula's eten als normaal en zou er 3 procent alcohol in zitten, dan nog was hij maar halverwege zijn taks om dronken te worden. Dat zoiets zou gebeuren leek de onderzoekers 'uiterst onwaarschijnlijk'.

Een olifant is vaker onberekenbaar gebleken. In de jaren zestig gingen zijn afmetingen onze fantasie ook al eens te boven. En dat nog wel in zo'n tijd van bewustzijnsverruiming. Ter verkenning van de verlichte tijd die ons met lsd te wachten stond werden proefdieren naar het chemisch walhalla vooruitgestuurd. Zo stoned als een garnaal zaten de ratten in hun laboratoriumkooien op hefboompjes te drukken, katten joegen stijf van de drugs achter niet-bestaande muizen aan. Wetenschappelijk klapstuk moest een olifant worden. Maar hoe krijg je zo'n reus helemaal te wauw? Hoeveel lsd heb je daar wel niet voor nodig? Voor een kat was de dosis bekend. Die ging van een kwart milligram al uit zijn dak. Een olifant van duizendmaal zo zwaar moest duizendmaal zoveel kunnen hebben. Er werd 297 mg ingespoten. Vol verwachting keken de onderzoekers wat komen zou. Dat kwam eerder dan verwacht. Vrijwel onmiddellijk na de injectie begon de olifant luid trompetterend rond te rennen. Opeens stopte hij, waggelde en viel. Binnen vijf minuten lag hij in stuipen, kakte en stierf. Voor de onderzoekers was de conclusie zonneklaar: olifanten kunnen niet tegen lsd.

De Noorse fysioloog Schmidt-Nielsen dacht daar anders over. Volgens hem was de olifant niet zozeer aan lsd gestorven als wel aan een rekenfout. Al gaan er duizend katten in één olifant, daarom heeft een olifant niet duizendmaal zoveel van alles nodig. Duizend katten, dicht opeengepakt, hoeven tezamen lang niet zoveel eten te verstoken als duizend losse dieren. Het gezamenlijk oppervlak is veel kleiner en verliest dus veel minder warmte. Een olifant verstookt maar een kwart van het verwachte duizendvoud. Bovendien moet je niet het hele lijf meerekenen, maar alleen de hersenen. Daar werkt het lsd immers op in. Corrigeer je de dosis voor dit soort factoren, dan kom je uit op 0,4 mg per olifant;

750 maal minder dan het arme dier in werkelijkheid te verduren had gekregen.

Het is duidelijk dat je niet zomaar per kilo van het ene naar het andere dier mag extrapoleren. Toch zijn veel voorschriften voor zo'n groot dier als de mens opgesteld op grond van proeven met zulke kleine dieren als een rat of een kat. Nog steeds drukken ratten over de hele wereld in hun proefkooi op die ene toets waarmee ze met z'n allen de proefschriften tikken voor al die wetenschappers die zo graag voor geleerde worden aangezien. Misschien mag die ene olifant die meetikte zijn gewicht er in de schaal bij werpen. Misschien heeft een olifant veel minder alcohol nodig dan uitgerekend. Misschien is een olifant ook in dit opzicht een bijzonder dier. Neem alleen hun uitzonderlijke geheugen. Als mensen al drinken om te vergeten mag je een olifant zijn marula niet ontzeggen.

Een mens is geen olifant of fruitvlieg, zelfs geen varken of rat; een mens is een aap. Dat ze allebei drank lusten is geen toeval. Het is juist een van de eerste argumenten die Charles Darwin in *De afstamming van de mens* voor onze nauwe verwantschap geeft:

Vele soorten van apen houden zeer veel van thee, koffie en geestrijke dranken; ook rooken ze, zooals ik zelf heb gezien, met smaak tabak. Brehm beweert, dat de inboorlingen van Noord-Oost-Afrika de wilde bavianen vangen door bakken met zwaar bier neêr te zetten, waardoor zij dronken worden gemaakt. Hij heeft er eenigen, die hij in gevangenschap bezat, in dien toestand gezien, en hij geeft een lachwekkend verhaal van hun gedrag en wonderlijke grimassen. Den volgenden dag waren ze zeer verdrietig en neêrslachtig; zij hadden hoofdpijn,

hielden hun kop met beide handen vast en zagen er be-
klagenswaardig uit.

Een eeuw eerder had stadhouder Willem V voor zijn menagerie op Het Loo de eerste levende orang-oetan van Europa
gekregen. Het jonge wijfje had er volgens *Regnum animale*
van directeur Arnout Vosmaer ook weinig moeite mee. 'Eens
op eenen morgen by haar komende,' vond men haar 'losge-
brooken':

De orang-oetang had ondertussen haar kortstondige
vrijheid uitermate menselijk gevierd: zij had 'onder anderen een gekurkte fles, waar in eenige Mallagawyn was,
geopend, leeg gedronken, en weder op dezelfde plaats
neder gezet'.
Haar vrijheidsdrankje was haar blijkbaar goed bevallen: 'Haar gewoone drank was water, doch zeer graag
dronk zy allerley wyn en byzonder Mallaga; gaf men
haar een flesch, zy trok er de kurk met de hand af en
dronk er zeer wel uit, gelyk mede uit een bierglas, en gedaan hebbende, veegde zy, even gelyk een mensch, de
lippen af, het zy enkeld met de hand of met een doek.'

In het wild, in Guinee, zagen Britse en Japanse primatologen
tussen 1995 en 2012 twintig keer chimpansees gegist palm-
sap drinken, met 3 procent alcohol te vergelijken met licht
bier. Sommige maakten na afloop een benevelde indruk of
deden zelfs een dutje. Helemaal natuurlijk was dit echter
niet; de chimps dronken uit de plastic vaten waarin de plaatselijke bevolking het zoete sap opvangt. Per sessie ging het
om een liter gegist sap – toch algauw twee normale flesjes
bier. Zonder menselijke tussenkomst was zo'n feestje niet

mogelijk geweest. In overrijpe vruchten komt het alcoholpercentage zelden boven de half procent. In principe is het apen van nature om de zoetigheid te doen, niet om de alcohol. Maar de lucht van alcohol wijst de weg als rook naar vuur. Volgens *The drunken monkey* van Robert Dudley zijn apen van alcohol gaan houden toen ze uit de bomen kwamen en valfruit gingen zoeken op de grond. In die tijd – tien miljoen jaar geleden – schakelden hun slokdarm en maag over op de productie van enzymen die alcohol veertigmaal sneller afbreken dan voorheen. Een jaar na de ontdekking van dit snelle ADH4, in 2016, bleek het vingerdier dezelfde mutatie in het betreffende gen te bezitten. Deze halfaap peutert met zijn vinger in de bloemen van de reizigersboom (*Ravenala madagascariensis*) naar nectar, een zoete stof die ook gemakkelijk vergist. Wellicht zal u dat worst zijn. Interessanter is het om te weten dat ook de mens over dat wondersnelle enzym beschikt. Dankzij onze voorvader de mensaap. Zonder hem hadden we nooit in het café gezeten.

De dieren zijn ons voorgegaan. Maar daar is in het café weinig van te merken. De enige die mee wil is de hond. Dat is de aard van het beestje. Als een hond iets wil is het *mee*. Iets drinken wil hij ook wel, maar liefst water. Ik ken de honden wel die bier lusten en de lekbak legen maar het is ze er niet om te doen. Soms heeft de kastelein zelf een hond. Die kan mooi helpen. Uit onderzoek is gebleken dat een mens geen hond kan aaien of hij begint ertegen te praten. Dan hoeft zijn baas dat niet te ondergaan. Persoonlijk heb ik het daar echter niet op. Al doet hij nog zo aardig, ik weet aan welke kant de hond van het café puntje bij paaltje zal blijken te staan. Als honden één ding zijn is het partijdig.

Dan een poes. Afgezien van de drank hoeft een café maar aan twee criteria te voldoen: geen muziek, wel poes. In te-

Poes Fiep op zijn post in Hegeraad, Noordermarkt, Amsterdam.

genstelling tot een hond kun je een poes niet meenemen, dus ben je aangewezen op de poes die je door het café wordt verstrekt. Nooit heb ik een klacht over de poes van dienst gehoord. Zolang je hem maar in de overtuiging stijft dat hij het voor het zeggen heeft, doet elke poes het goed. Een kastelein die geen poes heeft daarentegen verstaat zijn vak niet. Met één uitzondering: Marijke, van café Verhoeff. Binnen de kortste keren had Marijke in haar nieuwe café op de Zeedijk al de beste kroegkenners uit het kroeglopersgilde van Amsterdam verzameld hoewel ze, zelf dol op poezen, geen cafékat had. 'Ik heb geen poes,' zei ze altijd, 'omdat er hier geen tuin bij zit. Waar moet ik het beestje dan te zijner tijd begraven?'

Even onmisbaar eigenlijk als een poes is in een goed café een aquarium. Dat stamt uit de tijd dat er nog geen televisie bestond. Thuis en in het café stond een aquarium. Had je toch iets om naar te kijken. Maar het vergt meer verzorging.

Mijn vader had goudvissen zwemmen in de vaas boven op de tap, tussen de stelen door. Mét de bloemen werden soms wekelijks de vissen ververst. Dat hoefde je in een arbeiderstent niet te flikken. Die waren thuis zelf veel te kien op hun vissen. Maar wie houdt er tegenwoordig nog van vissen? Bij binnenkomst in het café lijken die beestjes heel ver van je af te staan. Later op de avond pas, wanneer de omgekeerde evolutie haar werk heeft gedaan, voel je de verwantschap.

Maar ook als er geen hond in het café te bekennen is, geen poes, geen vis, geen kanariepiet, is er voor een bioloog altijd iets te beleven. Aaltjes. Die zijn overal. Ze zijn alleen te klein om ze te zien. Een bioloog die zich hun lot aantrok, de Amerikaan Cobb, heeft dit aanschouwelijk gemaakt door zich voor te stellen dat alle materie op de wereld, van de mens en de bergen tot de vlo en de zandkorrel, zou verdwijnen. Alleen de aaltjes zouden mogen blijven. Dan nog zou de aarde in vage contouren herkenbaar zijn. Ook je stamcafé zou je herkennen en binnen het stamcafé zelfs de viltjes. Want aaltjes zijn eenkennig. Zoals het aardappelaaltje in aardappels en het azijnaaltje in azijn, leeft *Turbatrix silusiae*, het bieraaltje, uitsluitend in doordrenkte, Midden-Europese bierviltjes. In dit handzaam reservaat wordt hij gekoesterd door legioenen vrijwillige boswachters, die hun trouwe metgezel pappen en nathouden tot ze daadwerkelijk beestjes zien.

Café Banka, Bankastraat, Den Haag.

9

De laatste ronde

Er is een plekje diep in de stad, waar oude mannetjes op-
bloeien; waar een bleke kelkjesnipper zijn geelbruine tanden
tot een glimlach plooit, nog voor de vaste borrelaars hun jassen aan de kapstok hangen. Geluidloos glijdt het bier de fonkelende bierpomp uit of fluistert langs het glas de lekbak in.

'Er is een plekje diep in 't bos,' zo luidt de oorspronkelijke
tekst, 'waar duizend anemoontjes bloeien; waar de bleke
aronskelk zijn purper-bruine wonderstaf al tooit met bloemen, vóór nog de beuk de plooien glad strijkt uit zijn satij-
nen lenteloof.' Met deze woorden begon Jac. P. Thijsse zijn
pleidooi voor het natuurbehoud in Nederland, meer dan een
eeuw geleden. 'Dat enig mooie plekje is er wel; het moet er
zijn, ergens in ons eigen land, ik ben er in vroeger jaren zeker
meer dan eens geweest. Maar 't is vreemd; met geen mogelijkheid kan ik mij de juiste plaats herinneren, noch de weg
erheen.'

Oude mannetjes of anemoontjes, een flits van een biljart-
keu of 'een kapel die voorbijfladdert'; 'een oude zware eik'
die 'aan de kant staat' met 'een wortel als een bruggetje over
't heldere water heen' of de boom van een kerel naast je, zijn

voet op de barstang: er spreekt dezelfde wanhoop uit over een liefde die verloren dreigt te gaan. Thijsse riep Nederland op om iets te bewaren van al het moois dat hij in de natuur had leren kennen. Dat hielp. Een beetje. Dankzij de natuurbescherming schiet het leven, hoewel elk jaar iets minder welkom, elk voorjaar weer op. Ondertussen waakt Monumentenzorg, zij het met een half oog, over grachtenpanden en kapitale boerderijen. Maar welke erfgoedhond waakt over zo'n waardevol cultuurgoed als het bruine café? Voor je het weet kijk je om en is weer iets wat je vanzelfsprekend achtte opeens voorbijgegaan.

Zoiets zal je in het buitenland niet overkomen. Op vakantie in Engeland of Oostenrijk merk je het meteen aan den lijve wanneer er in een dorp geen *real pub* of *echte Kneipe* meer te vinden valt. Met de Ieren huil je mee om het verlies aan gezelligheid, sociaal leven en *heritage* zo zonder kroeg, in St-Jacques-de-la-Montagne verfoei je de nieuwe *supermarché* waar vorig jaar de *Bar-Tabac* nog was. Maar dat in eigen land de bruine kroegjes bij de vleet omvallen ontgaat de meeste mensen. Elke week gaat in vijf cafés het licht voorgoed uit en wordt het in menig dorp opeens een stuk donkerder. Sinds de eeuwwisseling is het aantal cafés in Nederland gehalveerd en het zijn vaak de mooiste knijpjes die het eerst gaan. In de paar jaar dat ik aan dit boek werkte verdween de helft van de topcafeetjes op mijn lijst. Een volkscafé als De Jachtwagen, al generatieslang gevestigd in een van de oudste panden aan de Groninger Aweg, foetsie; even verderop, dat kroegje van die oude binnenschipper, De Witte Raaf, met alleen bier in flesjes, dicht. Met de sanering van de hoerenbuurt verdween er ook Het Land van Belofte waar je midden in de nacht ter ontspanning grote spijkers in een houtblok kon gaan rossen. Een met de wijk vergroeid Amsterdams buurtcafé als Helmers werd straffeloos omgekat tot een zielloos staaltje binnenhuisarchitectuur. Otten, naast Tuschinski, foetsie. Wie gewend was op weg door de stad de bruine cafés als *steppingstone* te gebruiken moet rekening houden met een nat pak. Kroeglopen is hink-stap-sprong geworden. Of beter nog: kroegzoeken. Dat is een andere tak van sport, zij het ook niet zonder charmes. Zoals andere biologen vlinders of mossen, zo verzamel ik cafés. Een bruin kroegje hier, een drankpaleis daar en soms, bij wijze van grote zeldzaamheid, nog eentje zonder muziek. Inpakken kun je ze niet, cafés, en aan alles opkopen valt evenmin te beginnen. Het blijft bij innemen, zodat je na een dagje eropuit wel eens de indruk krijgt zelf verzameld te zijn. De mooiste cafés vind je met Ruth erbij. Mijn vriendin is voor een caféverzamelaar wat een zoekstier is voor de dierenarts van de KI. Haar tactiek is even doeltreffend als simpel. Om erachter te komen of er in een dorp nog een echt kroegje is gaat ze op het oudste mannetje af dat ze kan vinden en vraagt: 'Als u een oud mannetje was, waar zou u dan een borreltje gaan drinken?' Mooie verhalen krijg je dan over authentieke kasteleins en wonderlijke cafébezoekers, maar die zijn gewoonlijk dood, zodat je naar een volgend dorp wordt verwezen, waar mijn vriendin weer naar een oudste mannetje op zoek gaat, want soms heb je nog beet. Soms.

Als het leven verandert, verandert de kroeg. Dat is logisch. Maar het omgekeerde geldt ook. Als de kroeg verandert, verandert het leven. Een mens zonder kroeg is een chauffeur zonder auto, een pastoor zonder geloof, een wees, een beste stuurman zonder wal. Ze zeggen dat je daar toch niets aan doet, dat het komt door de tijdgeest. Niemand heeft de tijdgeest ooit gezien, maar hij lijkt sterker dan de rede, machtiger dan Zijne Majesteit de Koning. Dat jonge mensen zich

Het oudste café van Nijmegen: In de Blaauwe Hand,
Achter de Hoofdwacht.

vroeger langharig aan het establishment probeerden te ontrekken en ze er tegenwoordig met een verzorgd kapsel zo snel mogelijk deel van willen uitmaken, dat is bijvoorbeeld het werk van de tijdgeest. Dat vroeger *small beautiful* was en het nu niet groot genoeg kan zijn, dat heeft de tijdgeest zelf gezegd. En dat we niet in kleine kroegjes moeten blijven hangen. Dóór moet het, vindt de tijdgeest. En dóór en dóór en dóór. En dóór. Tot op.

De tijdgeest is ongrijpbaar. Wie moeten we er dan de schuld van geven dat de kroeg er zo slecht voor staat? Wie pakt de kleine man zijn pleziertje af? De kleine man twijfelt daar niet over. De hoge heren, die hebben het gedaan, dat is in elk café te horen. De hoge heren uit Den Haag. En één hoge heer uit Ubbergen. Daar woonde Sjoerd Kooistra, de horecamagnaat en kroegensloper. Natuurlijk had zijn vader ook een kroeg, café Kooistra, in Emmen, om de hoek bij het woonwagenkamp. Pa kon goed met de kampers opschieten: 'Als ze een ezel hadden verkocht, kwamen ze dat bij ons vieren. Om daarna de rekening te kunnen betalen, moesten ze er nog een verkopen,' aldus zoon Klaas. 'Op vrijdag kwamen ze hun loonzakje leegzuipen.' Zoon Sjoerd pakte het groter aan. In 1972 kocht hij in Groningen zijn eerste café, Bommen Berend, gevolgd door een nachtclub, een pub, een broodjeszaak en een homotent. Op de Grote Markt brak hij beroemde cafés als de Drie Gezusters, Groote Griet en Blauwe Engel door tot één uitstalling van alle troep die horeca-inrichters te bieden hebben. Van de brandweer mochten 3704 klanten tegelijk genieten van dit 'grootste biertappunt van Europa'. Heel de gevelwand ten zuiden van de Markt was voorgoed verwoest. Daar kraaide geen haan naar – het was maar, net als de gasbel, in Groningen – tot Kooistra zijn tengels naar Amsterdam uitstak. Monico op het Rembrandtplein, Heineken Hoek op het Leidseplein en een trits homotenten in de Reguliersdwarsstraat werden hem nog net gegund maar met iconen als Keyzer naast het Concertgebouw en Hoppe op het Spui had hij zijn hand overspeeld. Die gunde men in de grote

stad 'dat boertje' niet. Het deksel werd van de beerput afge-
haald: hoe Kooistra zijn pachters het vel over de oren haalde,
welke wurgcontracten hij afsloot, hoeveel hij aan zijn faillis-
sementen overhield en vooral zijn overeenkomsten met de
brouwerij. Waar anderen de dupe werden van de plicht om
een bepaald merk bier te tappen, wist Kooistra er opmerkelijk vaak voordeel uit te slaan. Met zijn enorme omzet aan
bier kon hij eisen stellen. Zo wist hij forse kortingen te bedin-
gen. Die stak hij zo mogelijk naast de huur en de pacht in zijn
eigen zak. Toch stortte het kaartenhuis na verloop van tijd
ineen. Investeringen werden niet terugverdiend, schuldeisers
stonden in de rij, Kooistra bleek niet als enige in staat om anderen een kunstje te flikken. In 2009 koos Kooistra voor rust
in de tent. Heineken mocht 31 kroegen van hem huren voor
7,5 miljoen euro per jaar. Maar Heineken wou dat Kooistra
borg stond voor de pacht. Kooistra wilde dat niet. Per 29 juni
2010 eiste Heineken 2 miljoen euro afbetaling op Kooistra's
schulden. Op 27 juni 2010 pleegde Sjoerd Kooistra zelfmoord.

Het horecalandschap bleef uitgewoond achter. Met de
Grote Markt in Groningen komt het nooit meer goed, Bar
Bodega Keyzer was finaal uitgekleed. 'De oude inventaris,
bestaande uit vergeelde lampenkappen, Perzische tapijtjes,
donkerbruine houten tafeltjes en een keuken op instorten'
had Kooistra volgens zijn biografen Joost van Kleef en Henk
Willem Smits ruimhartig geschonken aan bejaardentehuis
De Dilgt in Haren (Groningen). De kitsch die ervoor terug-
kwam ontneemt menigeen de trek. Hoppe ontsnapte op het
nippertje aan Kooistra's slachtpartijen:

Ik heb me vergist in Hoppe. Ik had Hoppe het liefst helemaal leeg geropt, zoals ze dat in Groningen zeggen, en er een van mijn eigen concepten in gezet. Het zijn eigenlijk twee tenten, die in elkaar overlopen. Daardoor heb je een dubbele bezetting aan personeel. Dat kost een godsvermogen. Maar ja, leegtrekken, dat kan niet met zo'n gerenommeerde tent, hè. Dan valt heel Amsterdam over je heen. Dan ben ik weer degene die het erfgoed om zeep helpt. Ik snap echt niet dat iedereen altijd zo hoog opgeeft over Hoppe. Al die blazerij. Een voetbalkantine, meer is het niet.

Toch is het niet eerlijk Kooistra alleen de schuld te geven. Het monster Kooistra is bevrucht door zijn hebzucht maar gebaard door de grote brouwerijen. Deze hebben de cafés sinds jaar en dag aan zich gebonden en speelden met Kooistra zoals Kooistra met hen. Ongeveer driekwart van de Nederlandse horeca is gebonden aan het biermerk dat boven de deur hangt. Ze moeten het bier en het overige drankassortiment bij die ene firma afnemen. Vaak staat dat in een contract. Verkoop je je zaak dan blijft de verplichting gelden. Om de macht van de grootste brouwers in te tomen mag zo'n contract tegenwoordig na vijf jaar (Grolsch, Jupiler, Hertog Jan, Bavaria) of zelfs onmiddellijk (Heineken, Amstel, Brand) worden opgezegd, maar daarmee zijn de machtsmiddelen van de brouwers allerminst uitgeput. Vaak hebben ze het café geld geleend. In financiers hebben de eigenaar of pachter van het café weinig keus, want banken houden niet van horeca. Brouwers financieren kroegen omdat banken het niet doen, banken doen het niet omdat de brouwers het al deden. Lukt het niet met dwang dan lijmen brouwerijen hun afnemers met een tapinstallatie of korting. En anders blijven de caféhouders uit zichzelf wel trouw. 'Ruzie met een brouwer, dat wil je niet,' tekenden Van Kleef & Smits op. 'Het is een van de ergste dingen die je als horeca-ondernemer kan overkomen. Jij ligt er wakker van. Zij gaan om vijf uur naar huis.'

Misschien hadden we eerder over Het Kanaal moeten kijken. In Groot-Brittannië weten ze het zeker, dat de teloorgang van de echte pub aan de grote brouwerijen is te wijten. Wurgcontracten hoefden daar niet aan te pas te komen omdat de meerderheid van de pubs al als eigendom in brouwershanden was. Het traditionele *ale* werd vervangen door continentaal pils, kleine zaken werden onrendabel verklaard, Kooistra-achtige 'concepten' werden uitgerold. De pub werd een exportproduct. Terwijl er in het moederland duizend pubs per jaar de deuren sloten, openden de grote brouwers overal ter wereld namaakpubs vol polyester balken, nylon tapijtjes en bier met een schuimkraag. Met hun pubs zetten de internationale brouwersketens ook voet aan Nederlandse wal. Allied Breweries in 1965 met de Double Diamond in Rotterdam, Whitbread een jaar later in de hoofdstad met de Britannia. Maar in de Britannia had Heineken ook een aandeel en daar zou het niet bij blijven. Na de Star Pubs & Bars bracht Heineken met de aankoop van 1900 Punch Taverns zijn Britse bezittingen op 3000 stuks ofwel 6 procent van de 50.000 kroegen die het Verenigd Koninkrijk nog telt. Heineken is nu de derde Britse pubketen.

Al dat zakelijk geweld doet het kroegleven daar noch hier enig goeds. Niet alleen de tappers, ook de drinkers hebben alle reden om boos op de brouwers te zijn. Door al het gedoe moet een kroegbaas bij zijn brouwer tweemaal zoveel voor een liter bier betalen dan in de supermarkt om de hoek en dat moet hij vanzelfsprekend aan zijn klanten doorberekenen. In

Elburg kreeg Johnny van café De Baars daar meer dan genoeg van. Als zoon van de legendarische Tante Marie was dat toch al een eigenzinnig type. Uiterlijk liet hij het café zo verslonzen dat ik er bij de eerste kennismaking straal aan voorbijliep in de veronderstelling dat het was afgebrand en de slopers al waren begonnen. Binnen is het een georganiseerde rotzooi. Tot zijn dood in 2013 liet John alle stoelen schots en scheef staan, de tafels vol flesjes en kelkjes; de prijzenkast van voetbalclub Elburgse Boys (na de oorlog gefuseerd met rivaal Quick tot ESC) hing nog gewoon aan de muur. Maar meest bijzonder: alle drankjes kostten ook in 2013 nog één euro, 'want de huidige prijzen in de horeca slaan nergens op'. Om dit mogelijk te maken nam John alle prijskrantjes van supermarkten tot ver in de omtrek door om de aanbiedingen te vergelijken, waarna hij op zijn gemak boodschappen ging doen. Lak aan de hoge heren van de brouwerij!

Blijven de hoge heren in Den Haag. Mijn vader moest al niets van die heren hebben. Elk jaar weer barstte hij in een scheldkanonnade uit wanneer de ambtenaren van de muziekwetten de zaak op kwamen meten met een rolmaat – vloeroppervlak, hoogte voorwijk, hoogte achterwijk (volume van bar en trap aftrekken), om de vergoeding te bepalen die hij voor de rechten op de muziek uit die ene luidspreker van de radiodistributie aan de staat verschuldigd was. Elk jaar weer, alsof de zaak gegroeid was. Op een kopje koffie hoefden deze heren niet te rekenen. En dan had je de mannen van de brandvoorschriften, de pesterige weetjes voor het horecadiploma, de sociale lasten van het personeel en niet te vergeten – vast punt op het klachtenrepertoire – de precario voor het reclamekastje van de Tip van Bootz dat acht centimeter uit de gevel vooruitstak. Maar dat was niet meer dan de gebruikelijke middenstandersjeremiade. Het is maar goed dat hij de tijd niet meer mee heeft hoeven maken van het rookverbod. Het zou niet alleen voor zijn café maar ook voor hemzelf de doodsklap zijn geweest. Niet eens het verbod op zichzelf, maar het langzaam aanhalen van de strop: eerst alleen voor de zaken met personeel, dan ook voor de eenmanszaken; het geknoei met afzuigkappen, het vergeefs inbreien van rookhokken; het gespartel van de kasteleins in de handen van de controleurs, de exponentieel oplopende boetes. Bij De Beurs in Nijmegen moest je als roker bij het eerste borreltje een euro in de pot doen om de eerstvolgende boete te bekostigen, even verderop bij de Poort van Hees werd ik zowat de deur uitgekeken omdat ik met mijn nette lezingenpakje in het sjofele café niets anders dan een rookwetcontroleur kon zijn. In het diepst van de provincie kom ik ze nog wel tegen, 's avonds laat meestal, de laatste rokers in het café, een schichtig volk, opgejaagd als kerstwild, met de angst in de ogen van een dissident in een autoritaire heilstaat of, beter nog, van een konijn in een asiel dat zich afvraagt wat hij toch heeft misdaan. Kasteleins voelen zich gemangeld tussen de verslaving van hun klanten en de regelzucht van de overheid. Bea Brakkee-Wateler maakte na drie jaar rookverbod in 2017 de balans op:

Ik heb een klein bruin café, echt een kroegje, iets van 50 vierkante meter. Na 2008 werd er bij mij eigenlijk niet meer gerookt, maar 's avonds laat deden we toch weer de asbakken op tafel. Sinds twee jaar ben ik daar ook mee opgehouden. Veel van de vaste bezoekers moeten nu telkens in- en uitlopen. Daar word ik soms niet goed van. Zit ik gezellig met een clubje te kletsen, gaat de een roken, gaat de rest mee. Zit ik daar nog in m'n eentje, want zelf rook ik niet.

Ik heb er financieel onder geleden, ja joh! Ik ben heel wat mensen kwijtgeraakt. De echte rokers zitten met hun jassen en mutsen ergens anders op een terras onder de hittelampen. Of ze halen drank en gaan thuis kaarten.

En de hoge heren? Die kunnen ook niet meer met hun sigaartje aan de bar terecht. Die halen het ook niet meer in hun hoofd om beschonken in hun eigen auto naar huis te rijden.

Het Wapen van Heeckeren werd door boerenband Normaal bezongen. Zelhemseweg, Hummelo.

Zij hebben ook zichzelf met hoge accijnzen ontmoedigd om uit roken of drinken te gaan. Ook hún kinderen moeten twee jaar langer wachten dan zijzelf vroeger, voordat ze een biertje aan de bar mogen bestellen. Wie in Den Haag een ander betuttelt, betuttelt zichzelf. Er is alle reden om je over overheidsbemoeienis te beklagen, maar die overheid hebben we in een land als het onze wel zelf gekozen. Ook de wetten tegen het roken en drinken zijn een weerslag van de volkswil. Puntje bij paaltje zijn wij het zelf die ons aan banden leggen.

Waren onze wetten tot nu toe vooral ingegeven door christelijke waarden en normen, bedoeld om in de hemel hogerop te komen, tegenwoordig laten we ons de wet voorschrijven door tijdschriften, televisie en internet. Die leren ons wat te doen en te laten, welke kleur in de mode is, of een broekpak alweer mag, waar we in onze vrije tijd heen moeten en vooral ook: wat te eten en te drinken. Dat heet lifestyle. Lifestyle is de pas waarin we tegenwoordig lopen. En lifestyle houdt niet van de bruine kroeg. Liever gaat ze naar de sportschool. Haar leven draait om het lichaam. Dat moet mooi zijn, en vooral gezond. Gezondheid is verheven tot het hoogste goed, waar alles voor moet wijken. Van middel voor een goed leven is het tot doel an sich verklaard. Hijgend sjokt men 42 kilometer voor een shotje endorfine waar een borreltje in het cafeetje 42 meter om de hoek grotere wonderen zou doen.

In het hoogtij van het café, omstreeks de jaren zestig, waren de mensen in het bijzonder begaan met de geest. Het lichaam vermaakte zich zelf wel, op de fiets naar je werk, spittend in de tuin, trap op en af, een potje voetbal op z'n tijd, aardappels stampend voor de hutspot. De geest vroeg meer aandacht. Die wou naar de bibliotheek, een teach-in, serieus discussiëren of slap lullen in de kroeg. Aan het lichaam deed je niks speciaals, dat was gewoon een onderzetter van de geest, als het tafeltje onder de televisie. Eenzijdig, ja, maar niet eenzijdiger dan de hardloper van nu die juist zijn hoofd als bijzaak beschouwt. Dat hoofd moet, als ik het wel heb begrepen, 'leeggemaakt'. Ondertussen wordt het lichaam aan rek- en strekoefeningen onderworpen in de hoop daar mooier, sterker, zo men wil gezonder van te worden. Wat het leeghoofd niet weet is dat spieren nooit, wat je ook doet, meer dan eenderde in omvang toenemen. Was je een slappe lul dan word je eenderde minder slappe lul, was je een kleer-

Café Timmer, Oude Binnenweg, Rotterdam.

kast dan wordt de kast eenderde kleriger. Je begint als een leeghoofd dat gaat trainen en je eindigt als een getraind leeghoofd. In de jaren zestig probeerde men juist dat hoofd te vullen. We discussieerden over Teilhard de Chardin, het bannen van de bom, het leven na de dood. En over je vrienden natuurlijk, hoe goed ze waren, of je vijanden, waar ze het lef vandaan haalden. Om een of andere reden ging dat het best in het café. 's Avonds laat waren alle problemen opgelost. Gelukkig bleken er de volgende ochtend toch nog enkele over.

Als reactie op het samenzweerderige clubhuis barstte in de jaren tachtig het grand café los. Alleen de naam al is een manifest. Groot moest het zijn – of liever: groots – en licht en wit en strak. Schoon ook vooral. Het verschijnsel stamde uit Parijs en schoot als eerste wortel in de Reguliersdwarsstraat in Amsterdam. Na Oblomov volgden Luxembourg en De Jaren. Toen vervolgens haventerreinen tot *new urban areas* werden uitgeroepen was het hek van de dam. Van een oude loods kun je geen petit café maken. Liep je als yup in Luxembourg nog enig risico je moeder tegen het lijf te lopen, in de industriële grand cafés is dat risico vrijwel uitgesloten: mensen van boven de vijftig kunnen in deze akoestische hel geen woord van elkaar verstaan.

Na het grand café volgden verschillende andere concepten met één gemene deler: ze zijn het kortst te omschrijven als het omgekeerde van een bruin café. In het witte, roze, gele of pistache café is alles open: de ramen, de deuren, de klanten en de jongens en meisjes die zich met een lang schort als ober hebben verkleed. Licht en lucht hebben vrij toegang; de schaarse oudere krimpt weg als Dracula in het holst van de dag. De jonge bezoekers daarentegen zien graag en worden graag gezien. De muziek probeert vergeefs boven het gesis van de espressomachine uit te komen. Kinderen sprinten on-gehinderd om de tafeltjes heen; er is geen echte ober meer om ze met een routineus gestrekt been ten val te brengen. Wie hier in zijn eentje binnengaat vindt geen barkruk voor wat aanspraak. Aanspraak moet je in het moderne café zelf mee-nemen in de vorm van vrienden, een collega, een lieve meid of – handig inklapbaar – een laptop. In hippe koffietenten hebben de laptops de overhand. De mensen lijken me geluk-kig en tevreden. Misschien hebben sociale media toch meer te bieden dan een bruin café. Alleen hoe je gezellig met een laptop door moet zakken staat me niet helder voor de geest.

Het voordeel van een grand café is dat je er niet heen hoeft. Je mag ook naar het kroegje op de hoek. Ieder zijn meug. Het vervelende is dat zo'n kroegje er vaak niet meer is. Bestaan Luxembourg en Hoppe zij aan zij, in de jonge delen van de stad worden buurtkroegen en stamcafés door grand cafés en hippe koffietenten verdrongen. Gentrificatie heet dat en ge-meentebesturen zien het met genoegen aan want aan het hip-pe volkje is geld te verdienen. 'Grote gezinnen maken plaats voor de yup,' zegt Jan Rath, hoogleraar stadssociologie, in *Het Parool*, 'en de Turkse slager maakt plaats voor de hippe koffieboetiek':

De koffietent is echter niet alleen een symptoom van ver-yupping, het is ook een motor in dat proces. Jonge stel-len oriënteren zich fietsend door de stad op een plek om zich te vestigen. Een cappuccinotent is dan een onmis-kenbaar signaal van een veelbelovende buurt. Dat weten ze bij de stadsdeelraad ook, Zeeburg heeft de Coffee Company gesmeekt zich op het Javaplein te vestigen.

Water en vuur zijn de oude en nieuwe cafés niet, wel olie en azijn. Ze mengen niet. Bij het Javaplein houdt Pleinzicht te midden van de yuppenkoffietenten en Turkse koffiehuizen stand als bruine oase. Eigenares Alma Spis:

> Vroeger had je altijd een rijtje oude mannetjes. Maar wat gebeurt er dan: de oude mannetjes overlijden, en de jonkies gaan kindjes maken en dan verhuizen ze naar Almere.
> Tja, yuppen... Dat ik het terras neerzet en er ineens twee dames zitten. 'Doet u mijijij maar een rrreeeude wijn, en we willen een breudplankje.' Zeg ik: dat heb ik niet hoor, een broodplankje. Ja, voor je het weet willen ze er ook vier soorten tapenade op, of weet ik het. Dus ik zeg: ik heb bitterballen, frikandelletjes of een portie kaas. Zegt ze: 'Maar we zijn vegetariër.'
> Vegetariër!

Zo vormen alleen de consumpties al een kloof tussen de oude en de nieuwe horeca. In het moderne café moet er een enorme keuze zijn, liefst van exotische aard: allerlei cocktails in de bar, de gekke koffies bij Starbucks of de Coffee Company. Zoals de melkboer met louter jong of belegen kaas uitwaaierde tot de kaasboetiek ontploft de horeca van buurtbier en stamjenever in een vuurwerk van kleurrijke cocktails. Mijn vader zou het hoofdschuddend hebben aangezien. Nippend aan zijn borreltje zou hij me nog eens demonstreren dat het bij alcohol om de uitwerking gaat, niet om de smaak. En bier heb je maar in twee soorten: een kleintje of een grote.

In het verlangen naar licht en lucht heeft het café ook de laatste stap gezet. Het is grotendeels een openluchtcafé geworden. In steden en dorpen zie je de mensen het merendeel van het jaar buiten zitten, in weer en wind, op gammel meubilair bijeengedreven op het terras. Kerkpleinen zijn één zee van terrassen geworden, ook het kleinste cafeetje in de buitenwijken heeft wel een paar stoelen buiten staan. Met het eigenlijke café heeft zo'n terras weinig gemeen. Een doorgewinterd kroegloper knippert er tegen de zon, die de schemer geen kans geeft, rook en stemmen verwaaien voor ze sfeer kunnen scheppen. De aanvoer van drank wordt door lange aanvoerlijnen getraineerd, je voelt je als een hond die zonder opgave van redenen buiten is gezet. Via de open pui kijk je zo het donkere gat van het eigenlijke café binnen. Het is zo opwindend als een doorkijkbloes. Binnen zit niemand.

Natuurlijk, een terras is open en verfrissend. Maar daar is een café niet voor bedoeld; het is geen sanatorium. Toen de parels van de Nederlandse cafés werden geopend deden de mensen nog niet zo gek. Terrassen, dat waren dingen voor in Parijs of verder, op weg naar zonnige landen. Een goede reden om er eens op vakantie te gaan. Maar nog geen reden om de terrascultuur mee terug te nemen. Je neemt, nadat je de fout één keer hebt gemaakt, toch ook geen Pernod mee naar huis? Waarom terrassen dan wel? In 1965 waren er amper 600 terrassen in Nederland, die van ijstenten en restaurants meegerekend. Nu zijn het er meer dan 20.000. Is de klimaatverandering werkelijk zo snel gegaan? Vergeleken bij de terrassenplaag valt de zeespiegelstijging reuze mee. In de binnensteden blijft nauwelijks stoep over om te belopen; de stoeltjes vallen bijna van de schuine Amsterdamse bruggen af. Het wordt steeds lastiger openbare ruimte te vinden waar je niet voor een zitplaats hoeft te betalen. En dan te bedenken dat er voor elk feestelijk geopend terras elders een bruine kroeg verdwijnt. 't Molentje is er nog wel op het Singel, maar daar wacht je een uur op je borreltje aan de bar omdat eerst die hele brug vol buitenzitters bediend moet worden. En op zo'n terras wil je toch ook niet gaan zitten, als een uitgelopen aardappel die de zon zoekt.

Wil je op het terras zitten en toch een beetje tussen de vaste jongens, kies dan een café als Het Bruine Paard, aan de schaduwzijde van de Prinsengracht. Terwijl de jongens en meisjes aan de overkant mooi zitten te wezen op het zonnige terras van De Vergulde Gaper kun je hier even uitwaaien voor je het eigenlijke café weer induikt. Uitduiken kun je een café niet. En zo raar is het niet om op een zonnige dag de schemer op te zoeken. Op de meeste terrassen staan zulke grote parasols dat eronder nauwelijks zon doordringt.

De vloedgolf van toeristen spoelt in de oude binnensteden en passant de mooiste kroegjes mee. Ze staan er nog wel, maar meer dan eens slechts als decor voor de toeristenmelkerij. Drinkt bij De Ooievaar de buurtbewoner nog rustig zijn gewone borreltje zij aan zij met een toerist die ze een dure variant hebben aangesmeerd – 'typical Dutch' – even verderop raakt de verhouding zoek. 'Wij willen helemaal geeneens geen gewone klanten meer,' zeggen ze bij het vanouds zo volkse De Zon op de Nieuwmarkt in Amsterdam. Bij 't Doktertje trof ik een groepje Koreanen bij het gewenste 'geen gewone klant' zijn. Turend op hun mobieltjes zaten ze op een rijtje aan de bar, met hun rug naar de verkeerde kant. Ik was de enige inboorling. Wellicht de laatste.

Er zijn vele factoren die de bruine kroeg de das omdoen. En dan hebben we de belangrijkste nog niet genoemd. Eten. Cafés verdwijnen waar restaurants verschijnen. Terwijl het aantal cafés in Amsterdam met de helft afnam verdubbelde het aantal restaurants er in de laatste 25 jaar; sindsdien komen er vier restaurants per week bij. Een van de eerste slachtoffers was het heerlijke Jordaancafeetje van Stien Koevoets, waar het bier al sinds de jaren zeventig door etenslucht wordt doodgeslagen. Waar nu de gegoede burgerij zit te dineren zie ik in mijn herinnering de 'kleine doodgravers' achter hun borreltje zitten. Elke maandag kwamen ze bij Stien samen om te kijken wie er doden tekort kwam en wie nog wel een handje erbij kon gebruiken.

In de provincie hield de drank langer stand tegen het eten. Enkele jaren geleden kookte oude Jan nog alleen voor zichzelf, achter de bar, in het open keukentje avant la lettre van Dikke Miet, een onvervalst schipperscafé aan het kanaal door Aarle-Rixtel, het schenken slechts onderbroken door de komst van de wijkzuster die Jans been op een tafeltje omzwachtelde terwijl het volk voortdronk. Dikke Miet zelf, Jans vrouw, kasteleinse, gebedsgenezeres en volksfilosofe ('tranen die ge schruwt hoefde nie te pissen') was toen al dood. Dit jaar was ik er weer. Nu was ook Jan dood, het kanaal afgesloten en het café omgetimmerd tot Eeterij Uniek. Het ergst vond ik nog dat de zaak voor het eerst sinds jaren vol zat. Hele families zwolgen in vlees en patat.

Uitgaan wordt steeds mediterraner. Van noordelijke bierdrinkers in schemerige kroegjes veranderen de Nederlanders meer en meer in zuidelijke wijndrinkers op zonnige restaurantterrassen. Lunch en diner verdringen het borreluur. In de Noordster, een prachtcafé waar ik menig borreltje met de schippers van de Houthaven dronk, kun je nu tapas eten volgens een *community dining philosophy*', buurtcafé De Krommerdt in de Baarsjes, waar André Hazes nog achter de bar stond, werpt zich op 'gerechten van de houtskoolgrill' en waar ik 's nachts uren zwetste met andere belezen beschonkenen, in De Klepel, verdringen zich nu de yuppen aan veel te kleine zitjes die nooit voor het torsen van borden waren bedoeld. Steeds meer mensen worden met eten op achter het stuur aangetroffen.

De overschakeling op eten heeft het café meer kwaad gedaan dan het verbod op roken. Dat is eenvoudig te bewijzen met de constatering dat het rookverbod het restaurantbezoek niet heeft verminderd. Uit eten gaan wordt hoger aangeslagen dan de kroeg in duiken. Uit eten gaan geldt als beschaafd. Gastronomie en vinologie zijn ver verheven boven biertapwedstrijden en jeneverproeverijen. Dankzij onze topkoks zijn wij Nederlanders eindelijk bevrijd van stamppot en bitterballen. Met kwartelboutjes en kikkerbillen tonen we onze nieuwe status. Zéér beschaafden eten vegetarisch of veganistisch; er zijn al heel wat restaurants zonder vlees. Maar een restaurant zonder drank blijft zeldzaam.

Naar een restaurant ga je om te eten. Maar de glazen staan al klaar voor je een stap binnen hebt gezet. Eten is de beste dekmantel om het op een drinken te zetten. Restaurants halen de helft van hun omzet uit de drank. Beschaafd neuzelt het gezelschap over het bouquet en de afdronk van de wijnen, terwijl het als altijd gewoon om de alcohol te doen is. Wijn bij het eten werkt net zoals bier zonder een hap, het is alleen de hoeveelheid die telt. Niet de bierdrinkende barbaren uit de Lage Landen hebben het het ergst aan hun levers, maar de eetgrage vinologen uit Frankrijk en Italië. Ik mag ze graag zien achter de ruiten van de restaurants, de dames en heren met hun wijntjes. De schijnheiligheid van de bontjassen en herenhoeden uit De Munttoren is volwassen geworden.

Een bakje pinda's en een blokje kaas, dat is het rantsoen in het buurtcafé. Niet om te eten, maar om je van eten te weerhouden. Wie honger krijgt gaat op tijd voor het eten naar huis en dat moet met kaas en pinda's voorkomen worden. Desnoods worden bitterballen en vlammetjes aangerukt, tot de drank de honger heeft verdreven. Maar dat komt de eer van café De Vriendschap (Amsterdam) te na. Hier rommelt Charles in een hoekje achter de bar met zijn pannetjes om ervoor te zorgen dat de ergste alco's toch iets fatsoenlijks te eten krijgen. Maar hoelang nog?

Wanneer u dit leest is De Vriendschap waarschijnlijk verdwenen. Uit de tijd. Opgedoekt. Net als al die andere kroegjes. Willem Wilmink zag het al aankomen:

Ach zo'n café
met een lage zoldering
en geen wc
voor dames apart,
ach zo'n café
wordt spoedig een herinnering:
verboden door de wet,
met zo'n rommelig buffet
en z'n scheve biljart.

Als je een stoot wilt maken
al op het groene laken,
dan word je onverschrokken
aan je mouw getrokken:
je moet het indirect doen,
je moet het met effect doen,
die keu die is zo teer niet,
het is je jongeheer niet,
dus raak hem zonder eerbied
dat je de bal nooit weerziet.

Want zie, de nieuwe wet is
dat zo'n café niet net is,

de zoldering te laag is,
het licht er veel te vaag is,
en dat er alle vrouwen
hun plas op moeten houen
omdat er geen wc is
die veilig en privé is.
En mensen, ook al biggelt
een traan over Carmiggelt,
de wetgever heeft recht gedaan,
dus die cafétjes gaan eraan.

Al met al bleek er niet eens een wetgever voor nodig; veel jonge mensen gaan er uit zichzelf al niet meer heen. Zij zoeken licht en lucht en ruimte. Maar jonge mensen worden oud, zoals de lente herfst is voor je het weet. Dan breekt het verlangen naar schaduw en geborgenheid aan. Al die zonnige terrassen en vrolijk fonkelende cocktails zijn prachtig, maar waar moet een mens met de donkere kant van zijn gemoed heen? Waar staat straks nog een kelkje klaar om in te staren? Bewaar voor mij zo'n kroegje alstublieft. En ik ken nog wel een paar lui, jong en oud, die er de aardigheid van inzien.

Het zou niet de eerste keer zijn dat de bruine kroeg op het nippertje werd gered. In de jaren zeventig moest de schemer het ook al opnemen tegen de licht- en luchtverdwazing. Hele binnensteden moesten op de schop voor brede wegen en pleinen. En passant werden de kroegjes van die binnensteden meegeveegd. De nieuwe wetten over minimum oppervlak en gescheiden toiletten moesten helpen om de Jordaan plat te gooien, het Spijkerkwartier schoon te vegen, Katendrecht te pacificeren. Dat hielp. Maar de jaren van afbraak waren ook de jaren van protest. Burgers klommen op de

Na de Waddenzee werd ook het aanpalende café 't Zielhoes gered.
Zijlweg, Noordpolderzijl.

bres voor het behoud van de Nieuwmarkt, de Waddeneilanden, de dijkhuisjes, de vrede, de vrijheid en de bruine kroeg. Toen was het juist de jeugd die de kroeg op handen droeg. Perzische kleedjes en bloemetjesbehang waren in, die had je thuis ook. Er werden zelfs kroegen bijgebouwd. Drogisterijen en kruideniers werden met hectoliters verf bruin gespoten, toonbanken werden tapkasten. 'Lichtbruin' noemde stamgast Willem Peeters zo'n omgebouwde winkel, De Nieuwe Lelie. Ook donkerbruine kroegen zoals Karpershoek en Scheltema werden voor de poorten van de hel weggesleept. In navolging van Engeland, waar de Campaign for Real Ale voor het erfgoed vecht, werd in 1973 de Compagnie tot Instandhouding van Bruine Cafés en Tapperijen in de provincie Groningen opgericht. Maar de eerste stoot tot de renaissance van de kroeg was vijf jaar eerder al gegeven. Op 17 november 1967 presenteerde Ben Ten Holter het *Groot Amsterdams Kroegenboek* bij Willem Duys in *Voor de vuist weg* op de televisie. Om enige honderden kroegen te inventariseren was Ten Holter in de woorden van Carmiggelt, 'door een oceaan van alcohol' gegaan. Als eerste etablissement had hij 't Spinnewiel bezocht, op de hoek van de Jodenbreestraat en de Sint Antoniesluis. 'Na ongeveer drie uur en ontelbare biertjes' nam Ten Holter afscheid van de 'moederlijke kasteleines', 'het eerste verhaal was binnen. Bij de deur riep ze me na dat ze het wel jammer vond dat het café binnen drie maanden zou worden gesloopt.' Het was strijd vanaf het begin.

De strijd is begonnen, gewonnen – en weer verloren. Karpershoek is afgetakeld tot *tourist trap*, Scheltema lijkt zonder journalisten een lege huls, op de Leidsepleinterrassen kakelen de funshoppers onder het genot van een gebakje. Oude mannetjes wisten wat hun te doen stond en gingen dood. Is hun café hetzelfde lot beschoren? Eet het nieuwe het oude op? Dat hoeft niet. Ze kunnen ook naast elkaar bestaan. Oude binnensteden gedijen naast nieuwe buitenwijken, de fotografie heeft de schilderkunst niet verdrongen, Mozart en Bach hebben pop en jazz overleefd. In Zaanzicht klotsen de ballen nog op de grote wedstrijdbiljarts, in De Spijkerbak weigert de Leidse 'r' als immer te rollen, het Hollands repertoire weert de Amsterdamse yuppen nog uit Hermes en Gijs van Rooy, nog steeds kan de kleine man met zijn grote dorst in Arnhem terecht bij de Sailor, als het moet bedruipen de Groningse huiskamercafeetjes en de Friese Ossenkop (Leeuwarden) zich tot de laatste snik met vrijwilligers. Julia (83)

In de opgesjiekte Stokstraat houdt het kleine In de Karkol dapper
stand als echt Maastrichts cafeetje.

van de Bostella probeert het einde met bluf af te wenden: 'Ik
heb nog geen tijd om dood te gaan.' Ook in het café geldt de
wet van de alternatieve strategie. Je kunt iets zus doen of zo,
zus en zo zijn het tegenovergestelde van elkaar en toch zijn ze
beide even goed. Een olifant overleeft door groot te zijn, een
muis door zich zo klein mogelijk te maken, dan schiet hij altijd net op tijd weg. De ene vogel legt één ei waar hij heel
goed op past, de andere laat een nest vol eieren verslonzen en
toch blijven beide soorten voortbestaan. Zo ook is het heel
verstandig als café voortdurend met je tijd mee te gaan, maar
kan het minstens zo slim zijn de boel op zijn beloop te laten
tot je een klassieke zaak bent. Het enige wat je niet moet wezen is een kleine olifant of een grote muis, een nieuwe zaak
die niet met zijn tijd meegaat of een oude die dat wel doet. Je
moet kiezen. Als je durft.

Een ruggensteuntje kan hierbij geen kwaad. Veel van de huiskamercafeetjes in het Noorden draaien op vrijwilligers. In Voorst biljart de jeugd als vanouds in het Stationskoffie-huis dankzij vrijwilligers. Werd Van de Werff gered dankzij de meer dan bemiddelde klandizie, bij De Druif legden gewone klanten wat geld bij elkaar en 't Sluisje in Amsterdam-Noord werd nog moderner door de buurt gekocht via crowdfunding. En nu maar hopen dat het er niet te braaf wordt. Anders moet je toch even verder lopen voor de echte kroeg, IJ-zicht.

Moet er na Natuurmonumenten en Monumentenzorg een Kroegenzorg komen? Kunnen we de schemerkroeg redden uit de handen van al te frisse jongelui? Willen we dat eigenlijk wel? Er dringt een doembeeld op van een Zaanse Schans met kroegen in plaats van molens, vol dronken Engelsen en brakende Japanners. Dat zou een ontkenning zijn van het instituut kroeg dat half uit stenen, half uit mensen is opgebouwd. Het lokaal is niet meer dan de belichaming van de menselijke verlangens. Dat moet ook zonder Perzische kleedjes mogelijk zijn en als er geen jenever is dan drink ik er wel gin. Maar toevallig gaat het genieten mij met Perzische kleedjes en jenever het best af. Mijn leven lang heb ik me erop verheugd ooit zelf een oud mannetje te zijn en in zo'n oud kroegie zo van een jonkie te genieten. Word ik eindelijk een oud mannetje, raken die kroegies op! Sindsdien is het mijn ideaal om voor mijn dood nog eens als een waar lid van mijn horecafamilie een klein kroegje te bezitten, hoe kleiner hoe beter, liefst enigszins bedompt, waar alleen maar oude mannetjes mogen komen, klokslag vijf uur. En dat we dan de hele avond zeuren dat het vroeger beter was.

'De leefbaarheid van een samenleving,' schreef Ger Jansen in *De eeuwige kroeg*, 'is afleesbaar in de kwaliteit van haar